古华中学贤文化校本教材

【古华◎主编】

I0202870

多元·敬贤·思齐

上海教育出版社
SHANGHAI EDUCATIONAL
PUBLISHING HOUSE

顾　问　王丽萍

主　编　古　华

策　划　胡立德

编委会　（以姓氏笔画为序）王玲、李伟、杨文英、
　　　　余群英、金晓、梁裕萍

撰稿人　（以姓氏笔画为序）吕小莉、朱波、
　　　　刘雅萍、杨蓓蕾、吴丰洪、陈强、胡璇

序

寻找贤文化的生命能量。

2001年，教育部颁发了《基础教育课程改革纲要（试行）》，要求"改变课程管理过于集中的状况，实行国家、地方、学校三级课程管理，增强课程对地方、学校及学生的适应性"。这一要求在赋予学校管理课程的权力的同时，也意味着学校对课程的开发和实施承担着更大的责任。我校正确把握了课程改革的方向，遵循"多元文化、润育潜质、卓越发展"办学理念，因地制宜，积极开发适合学校实际与学生需要的拓展型课程及校本教材，历经多年努力，《版画》《点亮心灯，漫步青春》等多种课程成为区级特色课程，学校也荣获"奉贤区特色课程实施先进校"称号，即将出版的《多元·敬贤·思齐》校本教材，就是其中的标志性成果。

这本教材精心选择了五个专题，整体串联了奉贤的历史和现状，比较全面地反映了奉贤的地域特征、自然风光、风土人情、特色产品，特别是近几年来奉贤城市化发展进程中社会经济文化等领域的巨大成就，是学生全面了解奉贤、认识家乡的一个窗口。可以说，这本教材对拓宽学校的教育渠道，拓展学生的学习时空，将起到很好的促进作用。这本教材还配套设计了四十五个具体的活动，在鼓励学生进行研究、调查、参观、设计、活动评价和活动建议中，生动呈现了探究性学习、体验性学习、交往性学习等学习方式，能够培养学生的思辨能力、动手能力和创新能力，真正为学生综合素质的全面提高奠定基础。

从容量来看，这本教材不算宏大，但因为抓住了"贤"这一奉贤文化谱系中最具活力的要素，成就了本教材的核心和神韵。它以育人为根本价值取向，把各种教育要素、各种资源融合成有机的统一体，契合了"整体育人"的核心理念；它植根于深厚的"贤文化"基础，用新时代"贤人"的价值观引导人和塑造人，契合了"奉贤育人"的核心理念；它充分考虑了初中学生知识结构、接受程度，唤起学生对自身所处地域、居住环境的认知和热爱，契合了学校课程建设"以人为本"的核心理念，也在某种程度上增强学校课程结构的均衡性、综合性、选择性，为今后我校校本课程的开发与建设提供宝贵的经验和样板。

感谢晋元高级中学委托管理办公室对本教材的精心策划，感谢《多元·敬贤·思齐》教材编委会和撰稿人的聪明智慧工作，感谢上海教育出版社的大力支持。尽管由于时间仓促，本教材难免有不尽如人意之处，但能为奉贤教育改革发挥一点"引玉"的作用，哪怕是一点"借鉴"价值，也将会使我们感到欣慰。

是为序。

古华

2015 年 3 月

目录

前言

《多元·敬贤·思齐》是奉贤区古华中学活动课程校本教材。

"多元"即"多元发展"。"多元发展"是奉贤区古华中学"多元文化,润育潜质,卓越发展"办学理念的浓缩,表达了古华师生在平等观念下尊重差异、尊重个性的民主意识;也说明了古华中学实施的是尊重师生的多元文化背景、激发师生多元潜能的多元文化教育。

"敬贤"和"思齐"是奉贤区"贤文化"内涵的核心词汇和外延的具体指向。

《多元·敬贤·思齐》,集古华中学课程建设的价值取向和师生的课程能力取向于一体。价值取向属于认知体系,能力取向属于体验体系。所以,《多元·敬贤·思齐》课程是认知与体验的结合体,最终落实在体验上,因而属于活动类课程。

本课程的"多元"体现在课程内容的多元和课程活动的多元。

内容的多元表现为课程囊括了奉贤区"贤文化"读本中多方面、多角度的内容;体验的多元表现为课程活动包括了学生个体与群体的结合,学校、家庭和社会的结合等多方面的体验。

本课程以学生自主学习和自主活动为主,通过"学中做,做中学",亲身经历"贤文化"活动,在不断的学习和实践的过程中,体验和感悟中华传统贤文化弥久愈加的魅力和恒留久远的价值。

本课程共五个专题,每个专题有三个综合活动,每个综合活动有三个具体的活动,总共四十五个具体的活动。学生是本课程的主体,是课程活动的主人,是课程价值的体现者;教师是课程的设计者和引领者。两者相辅相成,统一在课程的活动之中。

本课程以活动形式实施教学活动。在内容上,根据一般的认知规律,按事物的发展过程编排活动程序,注重内容的循序渐进;在活动形式上,注重安排和落实学习过程的细节,在细节中学习"贤文化",在细节中实践"贤文化"。

本课程虽然是活动课程,但与相关的学科知识紧密联系,学科知识促进"贤文化"活动的顺利开展,"贤文化"活动使学科知识落在实处,两者相辅相成,促进学生的全面发展。

《多元·敬贤·思齐》校本教材在上海市晋元高级中学委托管理办公室胡立德老师的策划和指导下完成。古华中学参加编写的教师是:陈强、杨蓓蕾、刘雅萍、朱波、吴丰洪、吕小莉、胡璇。晋元高级中学托管办胡立德老师统稿。

《多元·敬贤·思齐》教材编委会

2014 年 12 月

主题活动一

贤人贤家贤村　和睦和美和谐

【导 语】

"敬奉贤人,见贤思齐"既是奉贤的文化传统,也是奉贤的人文情怀。

文化传统是贯穿于我们生活的文化核心精神,有一定的稳固性和延续性。"贤文化"的稳固性在于几千年来奉贤人对贤人的敬奉和思齐持之以恒,而延续性在于今天的奉贤人对"贤文化"的继承和求贤若渴的诚挚情怀。

人文情怀主要是指对他人或人类深切关怀的人道主义胸怀。它包括高尚的个体人格、强烈的责任感和道义感,以及为人类的利益及事业的奉献精神。身为奉贤人,我们必须对"贤文化"有一份责任感和道义感的人文情怀。

"贤"是"有德行,多才能"的意思;还有"尊崇、敬重"的意思。"贤文化",就是敬重那些有德行、有才能的人,并向其看齐的一种思想和行为习惯。

奉贤处处有贤人、贤家、贤村,表现出了奉贤的和睦、和美、和谐。我们要用自己和善的眼光去发现,用自己的行动去学习和弘扬,为继承和发扬奉贤的"贤文化"贡献自己的一份绵薄力量。

综合活动一　身边的贤人

阅读任务

在百度百科中,输入"贤人",阅读网页后回答以下问题。

| 新闻 | 网页 | 贴吧 | 知道 | 音乐 | 图片 | 视频 | 地图 | 百科 | 文库 |

Baidu百科　|　贤人　|　进入词条

1. 选择题

下列对贤人表述不正确的一项是(　　　)

A. 有才有德的人,所爱好、厌恶的情感与人民完全相同。

B. 想要选择与舍弃的事物与人民完全一致。

C. 行事完全顺应天道、地道、人道客观规律,处理问题能够标本兼治,尤其注意从根本上解决。

D. 所说的话能够作为天下人的模范,按照他说的话去做就能成功。

2. "贤"的演变

"贤"字最初是指看守人。甲骨文、金文(1~2)均像一只手搭在眼上看守状。金文(3~4)和石鼓文、小篆下加"贝"(贝在古代曾作货币用,是财富的象征),看守财产的人一定是忠诚可靠、有管理能力的人。所以《说文》称:"贤,多才也。"隶书(汉《夏承碑》)以直笔方折取代了小篆的弧笔圆折,从而成为今文。简化字写作"贤"。金文(5)下有一"子",子在古时是对成名人物和贤士的尊称,如孔子。

甲骨文　金文1　金文2　楚帛书　金文3　金文4　金文5　石鼓文　小篆　隶书

活动一　贤的内涵

1. 学习准备

同学们,奉贤区创建全国文明城区,"敬奉贤人,见贤思齐"蔚然成风,广大市民"做贤人、建贤城、扬贤风",那么你们知道什么是"贤"吗?你们了解"贤"的涵义吗?在身边,你可以利用哪些途径去查询"贤"的涵义?

(提示:可以查字典、词典,借助网络平台……进行查询)

◇ 我可以利用哪些途径:＿＿＿＿＿＿＿＿＿＿＿＿＿＿＿＿＿＿＿＿＿

2. 思想交流

我利用＿＿＿＿＿＿＿＿查询了"贤"的涵义,想与大家交流。

◇ 我查到的"贤"的涵义有:

＿＿＿＿＿＿＿＿＿＿＿＿＿＿＿＿＿＿＿＿＿＿＿＿＿＿＿＿＿＿＿＿＿

◇ 我对"贤"的理解是:

＿＿＿＿＿＿＿＿＿＿＿＿＿＿＿＿＿＿＿＿＿＿＿＿＿＿＿＿＿＿＿＿＿

3. 贤人、贤事

同学们,你们阅读过《敬奉贤人,见贤思齐》这册教育读本吗?你有没有从中读到我们奉贤区的贤人贤事?为什么你觉得这是贤人贤事?请试举一例。

◇ 我读到的贤人贤事是:

＿＿＿＿＿＿＿＿＿＿＿＿＿＿＿＿＿＿＿＿＿＿＿＿＿＿＿＿＿＿＿＿＿

＿＿＿＿＿＿＿＿＿＿＿＿＿＿＿＿＿＿＿＿＿＿＿＿＿＿＿＿＿＿＿＿＿

◇ 我的依据是:

＿＿＿＿＿＿＿＿＿＿＿＿＿＿＿＿＿＿＿＿＿＿＿＿＿＿＿＿＿＿＿＿＿

4. 身边的故事

同学们,在我们的身边,在学校、社会中,你有没有亲身经历或听大家讲起过的贤人贤事?请你和大家说一说,并分享一下你的感受。

◇ 我知道的身边贤人贤事有:(提示:可选择班级、年级、学校或社区邻里等)

_____

_____

_____

5. 贤的词句

带有"贤"字的成语有很多,比如:贤能方正、贤妻良母、招贤纳士、举贤使能、礼贤下士、人非圣贤,孰能无过、任人唯贤、思贤如渴、推贤让能、见贤思齐、嫉贤妒能、举善荐贤等。

◇ 我可以用其中的成语_____造句:

_____

_____

6. 各抒己见

同学们,作为新一代的青少年,"敬奉贤人 见贤思齐",我们该做些什么呢?

◇ 我要做的是:(100 字左右)

_____

_____

_____

7. "贤"的故事

子曰:"见贤思齐焉,见不贤而内自省也。"——《里仁第四》

孔子说:"看见一个有道德、学问和修养的贤者,就要追求上进,向他看齐;看见不贤的人,就要以之为鉴,反思自己的错误。这样不断进步,就可以达到仁的境界。

◇ 左边的篆刻是哪四个字,请写在下面的横线上。

_____

活动二　学贤人

1. 知悉贤人

古今中外,贤人志士数不胜数,请你通过网络查找、书本翻阅,列举出4位。

_____　_____　_____　_____

2. 贤人贤事

奉贤,融吴越之底蕴,纳海湾之灵气,相传因孔子弟子言子到此讲学,世人奉之贤而得名。"敬奉贤人,见贤思齐"蕴含深渊、深邃、深厚的文化底蕴,在传承、演绎和发展中,我们的身边涌现出一大批可亲、可敬、可信、可学的贤人。

正义的力量——金汇"3·27"见义勇为群体

2013年3月27日下午16时,在金汇学校门口,一个精神失常的恶魔忽然上前挥刀砍起来,四个小孩立即倒在血泊之中。杨小波急忙下车抱起受伤的孩子们放到车内,直奔镇卫生院。拿着木棒的李华,握着铁锹的夏永新,扑向凶手,凶手举起刀在夏永新的头上砍了数刀,夏永新拼力向凶手踹了一脚。拿铁棍的、拿拖把的、拿砖头的人们勇敢地冲上去,疯狂的歹徒终于被制服了。

◇ 危难时刻,他们挺身而出,肩负起社会责任,维护了社会秩序。你从他们身上看到什么优秀品质?

_____

把青春献给特教——慕蓉

慕蓉是慧敏学校的一名特教老师,她面对的是一群大龄的重度脑瘫学生。小华入学11岁,头都抬不起来,坐也坐不稳,每天早上都是爸爸抱进教室。慕老师每天提早半个多小时到校陪她进行康复训练,她那肌肉萎缩严重的双腿由最初的纹丝不动

到后来有力地交替蹬腿;慕老师每天抓着她的脚教她正确爬行,她的膝盖瘀青了,老师的膝盖也瘀青了。经过几年的康复,小华能自己背着书包、挂着助行器走进教室了。

◇ 师爱无疆,每一位老师细心呵护着中国未来的花朵。面对这样的老师,你有怎样的感触?

_____

美丽而充实的精彩人生——钱祯逸

钱祯逸是古华中学的一名学生,因为先天的因素,一出生就没有了右手,但她的自强不息使她和其他所有的同学一样,甚至做得更好。2014 年 1 月,她成功通过中国书法学院社会美术水平考级软笔书法九级,通过之后她并没有停止练习,因为她想取得更好的成绩。用左手写字、绘画,无论有多难她都没有退缩,不为其他,为的只是对自己的人生负责。

◇ “少年强,则中国强。”自尊自爱,意志坚强,在许多青少年身上闪耀。

从钱祯逸同学身上,你看到了哪些优秀品质?

_____

3. 话说贤人

在班级中,你还知道哪些同学或老师有着“贤”的品质呢? 请举一例。

_____

_____

4. 见贤思齐

◇ 我身上的贤品质有:_____

◇ 我打算在生活学习中,用自己的_____等具体行动,使我的贤品质得到老师和同学的认可。

活动三　做贤人

1. 宣传贤人

（1）设计宣传栏

◇ 全班分成若干小组,组长根据每个成员的特长进行分工,分工的过程可能需要协调,组长最后要明确每个成员的具体任务。

◇ 将小组成员的具体任务(以文字、图片、照片等形式)填入下面的表格。

姓　名	任　　务

◇ 组长协调完成宣传栏的设计。

（2）展示宣传栏

◇ 班长主持在班级交流各组的宣传栏,全班同学投票选出一个优秀宣传栏。班长可以根据实际情况决定是否需要再完善。

◇ 在学校展示各班被选出的优秀宣传栏,学生会主席召集各班班长投票选出全校最优秀的宣传栏(此宣传栏将布置在学校附近居民小区内)。

（3）实地布置宣传栏

◇ 宣传委员联系居委会宣传干事_____同志,确认布置宣传栏的具体时间

_____,请求居委会准备工具 _____和材料_____

◇ 由班长带队前往居民小区布置宣传栏,时间控制在 2 小时内。

◇ 宣传栏布置完毕后,由_____负责拍照。

◇ 将拍摄好的照片存在一个文件夹里以备后查。

◇ 双休日到布置宣传栏的小区观察居民观看宣传栏的情景,同时对居民进行访谈并做好记录。

◇ 人数统计:时间:_____点到_____点,观看人数:_____

2. 审视自己

(1) 吾日三省吾身

◇ 了解前面学贤人活动,对照自身,自己平时哪些行为符合贤人标准?请列举 2 条行为。

_____

_____

◇ 哪些举止不符合贤人行为?

_____

(2) 见贤思齐

见贤思齐要有具体的对象,要从小事做起。

◇ 我的学习对象是:_____;我要学习的具体内容是:_____

_____

3. 相互交流

以学习小组为单位(组长负责),交流"吾日三省吾身"和"见贤思齐"的内容,看看哪一位同学对照自己比较准确,学习对象明确,学习的内容比较具体。选出一名"见贤思齐"审视自己优秀者。

◇ 小组"见贤思齐"审视自己优秀者是:_____

活动评价表

	评价标准	自评	互评	师评
信息采集	浏览网上或书本资料,认真完成阅读任务。			
	活动准备有条不紊,能带齐活动所需物品。			
	收集有关资料,及时整理、归类、存放。			
发现探索	善于思考,能发现并解决活动中遇到的问题。			
	活动中有自己的创意,并与同学分享。			
	能积极主动帮助别人解决问题。			
合作态度	认真听从老师的安排。			
	积极与他人团结协作。			
完成作业	按时完成各类作业,且质量较高。			
	能积极参加活动评比,态度认真,获得好评。			

注:评价可以分为 A、B、C、D 四个等级,分别为:A 代表非常好;B 代表很好;C 代表较好;D 代表一般。互评要 3 位同学参评。

_____同学在这次综合实践活动中自己认为可以得到( )个 A,同学认为他可以得到( )个 A,老师认为他可以获得( )个 A。

互评同学签名:_____、_____、_____

师评教师签名:_____

活动建议书

项目	具体建议
活动内容改进意见	
活动方法改进意见	
其他意见	

注:活动建议书由参与课程活动的同学本人填写。

综合活动二　寻找贤家庭

阅读任务

阅读右边的《贤家庭评价项目》后回答以下问题。

1. 选择题

下列对贤家庭项目内容表述不正确的一项是(　　)

A. 家中有 100 册以上的藏书,并且反复阅读它们。

B. 家中至少有一个人做过社会公益活动的志愿者。

C. 家人和睦,感情深厚,家庭成员团结,有事共商量。

D. 家里的洗脸水不直接倒掉,而是用来冲马桶或洗东西。

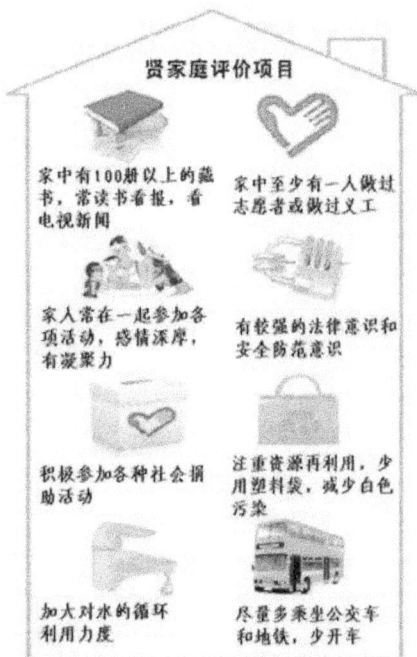

贤家庭评价项目

家中有100册以上的藏书,常读书看报,看电视新闻

家中至少有一人做过志愿者或做过义工

家人常在一起参加各项活动,感情深厚,有凝聚力

有较强的法律意识和安全防范意识

积极参加各种社会捐助活动

注重资源再利用,少用塑料袋,减少白色污染

加大对水的循环利用力度

尽量多乘坐公交车和地铁,少开车

2. 简答题

怎样理解"积极参加各种社会捐助活动"?(从能力方面考虑)

答:_____

3. 动脑筋

——"您好,您的朋友为您点播了一首××歌曲,以此表达他的思念和祝福,请您拨打×××收听。"

支招:不要回拨电话。在这种情况下,当你拨打收听时,那您的话费余额一定会直线下降。

以上防电话诈骗的招数,告诉我们要有_____意识。

活动一 发现贤家庭

1. 对家的认识

自古以来,家被诗人吟唱不止。家是诗人心灵的归宿。家是王维《杂诗》"来日绮窗前,寒梅著花未"中的那朵寒梅。家是李白《静夜思》"举头望明月,低头思故乡"中的那轮明月……

请仿照上述形式,写出历来为诗人所吟诵的包含有"家"内涵的诗句,以及自己对诗中"家"内涵的感悟,比一比,哪个小组积累和感悟的最多,质量最高。

◇ 家是_____(人名)诗句_____中的_____

家是_____(人名)诗句_____中的_____

◇ "家",一个最温馨的词。对于家,我的理解是:_____

_____

2. 对贤家庭的认知

(1)查找资料:

奉贤区为了创建全国文明城区,为了践行社会主义的核心价值观,倡导争创贤家庭,对市民和家庭发出遵守_____的"家庭美德"倡议。

对照奉贤区倡导的"家庭美德",我家基本做到了:_____,我家还有一些方面需要努力,主要有:_____

(2)我心目中的贤家庭

所谓"家和万事兴"。我们拥有或憧憬着拥有一个温暖幸福的家庭。作为一个

初中生,在你心目中,一个理想的贤家庭还应是怎样的? 请至少列出三条来:

_____

_____

_____

3. 发现贤家庭

中国人最重人伦纲常,有许多贤家庭为周围的家庭做出了表率。

在我的身边,有这样一个贤家庭,它来自于_____(如:四邻,亲戚、朋友家,时事新闻等)。请你简要介绍这个贤家庭的优秀事迹(可以是某些品质,某种美德,也可以是某种氛围等),并试着描述这个贤家庭的一个温馨瞬间,先把它写下来,再讲给同学听,让大家分享贤家庭的美好:

有这样一个贤家庭,_____

_____

_____

有这么一个温馨瞬间特别让我感动:_____

_____

_____

4. 争创贤家庭

结合我家的具体情况,为把我家建设得更加温暖和睦,我自己可以做到哪些事情呢? 我的思考如下:

_____

_____

活动二 走进贤家庭

1. 情况了解

◇ 我们今天要去拜访的贤家庭的地址是：_____

◇ 家庭的户主是：_____；家庭成员有_____人；联系电话：_____

2. 物品准备

◇ 这次走进贤家庭活动是一次非常有意义的事情，我要准备些什么东西呢？

◇ 我准备携带的物品是：_____

3. 问题准备

◇ 我想通过此次活动了解所要拜访的贤人家的感人故事，我向他们家庭成员了解的主要问题是：

_____

_____

4. 交流倾听

◇ 在和贤家庭成员的交谈过程中，我的感触良多，我听到的贤家庭故事的主要内容是：

_____

_____

_____

◇ 对这个故事，我的感受是：_____

_____

5. 家庭合影

◇ 经过和贤家庭成员的沟通交流，我感觉和他们走得更近了，我们用相机记录下了这难忘的一刻。

文字说明

6. 邻居心声

　　贤家庭平日的点点滴滴邻居们也一定看在眼里记在心里。让我们敲开邻居家的门来听听邻居们眼中的贤家庭是怎么样的吧。

　　◇ 邻居说贤家庭最感动他们的事情是：_____

_____

7. 活动归来

　　◇ 通过这次对贤家庭的拜访活动，你也许觉得很多家庭在家庭和社区生活中还有许多要改善的地方，请你给他们提些建议吧。

　　◇ 我的建议是：_____

_____

8. 同学交流

　　◇ 在老师指导下，由学习委员建一个"贤家庭信息交流"微信群，或制作二维码，让全班同学用手机扫二维码进入群交流。

活动三 争做贤家庭

1. 评价我家

根据"阅读任务"中的《贤家庭评价项目》,对自己的家庭进行评价(请在 A、B、C 三个等次进行选择)。

贤家庭评价项目	A "满意"	B "一般满意"	C "须努力"
家中有 100 册以上的藏书,常读书看报、看电视新闻			
家中至少有一人做过志愿者,或者做义工			
家人常在一起参加各项活动,感情深厚,有凝聚力			
有较强的法律意识和安全防范意识			
积极参加各种社会捐助活动			
注重资源再利用,少用塑料袋,减少白色污染			
加大对水的循环利用力度			
尽量多乘坐公交车和地铁,少开车			

16

2. 改进不足

针对评价项目中的不足之处,你将和家人一起如何改善？请具体说明你的措施。

_____

_____

3. 贤家展示

　　在具体实施"贤家庭"的过程中,把你印象最深刻的一次措施,以照片配上文字的方式,展示给大家。

照片展示	文字说明

4. 我想对父母说

对"争做贤家庭",我想对父母说:

_____

5. 父母展望

经过一系列的措施,你的家庭是不是向"贤家庭"迈进了一步呢？
请家长对你的孩子在"争做贤家庭"中的表现进行评价:

_____

对家庭的未来提出展望:

_____

17

活动评价表

评价标准		自评	互评	师评
信息采集	浏览网上或书本资料,认真完成阅读任务。			
	活动准备有条不紊,能带齐活动所需物品。			
	收集有关资料,及时整理、归类、存放。			
发现探索	善于思考,能发现并解决活动中遇到的问题。			
	活动中有自己的创意,并与同学分享。			
	能积极主动帮助别人解决问题。			
合作态度	认真听从老师的安排。			
	积极与他人团结协作。			
完成作业	按时完成各类作业,且质量较高。			
	能积极参加活动评比,态度认真,获得好评。			

注:评价可以分为 A、B、C、D 四个等级,分别为:A 代表非常好;B 代表很好;C 代表较好;D 代表一般。互评要 3 位同学参评。

_____同学在这次综合实践活动中自己认为可以得到( )个 A,同学认为他可以得到( )个 A,老师认为他可以获得( )个 A。

互评同学签名:_____、_____、_____

师评教师签名:_____

18

活动建议书

项目	具体建议
活动内容改进意见	
活动方法改进意见	
其他意见	

注:活动建议书由参与课程活动的同学本人填写。

综合活动三　参访杨王村

阅读任务

阅读 http://www.yangwang.sh.cn(上海奉贤区杨王村)网页和杨王村的相关书籍后,回答以下问题。

1. 选择题

下列杨王村家训中我最喜欢的一项是(　　　)

A. 爱岗敬业、恪守职守、为人友善、乐于助人。

B. 听党话、爱国家、讲道理、守诚誉、勤干活、争健康。

C. 一粥一饭,当思来之不易;半丝半缕,恒念物力维艰。

D. 儿女孝为本,勿忘父母恩;儿女勤为本,勿忘家乡情。

2. 填空题

杨王村村训是:

勤劳、智慧、进取、＿＿＿＿＿＿＿。不怕艰难、昂扬向上的＿＿＿＿＿＿＿＿;大胆实践、善于创新的＿＿＿＿＿＿＿;敢为人先、争创一流的＿＿＿＿＿＿＿。

3. 小故事

杨王村有许多家训的小故事:

顾月莲是杨王村的村民代表,她带领十几位村民帮助患病卧床不起的阮丰龙家包桃树、修桃树、打农药,她家的家训是"助人为乐,敬老爱幼,家庭和睦,邻里团结"。李东在寒冷的冬季勇救落水儿童;蔡月琴爱岗敬业,拾金不昧;石华官勤勤恳恳,乐于奉献;张志楼无私奉献于全村上下……

你觉得这些家训故事反映了杨王村的什么精神风貌?

＿＿＿＿＿＿＿＿＿＿＿＿＿＿＿＿＿＿＿＿＿＿＿＿＿＿＿＿＿＿＿＿＿＿＿

活动一　**参访准备**

1. 路线设计

利用百度地图设计从古华中学至杨王村的最佳路线,然后把它打印下来粘贴在右边方框中。

2. 精神准备

参访杨王村应该是一件陶冶情操的事情,要有什么精神准备呢?

(提示:杨王村有家训和村训,这里的"训"是什么意思呢?请翻阅字(词)典,准确理解其意思)

◇ 家训和村训中"训"的意思是:＿＿＿＿＿＿＿＿＿＿＿＿＿＿

◇ 家训的意思是:＿＿＿＿＿＿＿＿＿＿＿＿＿＿＿＿＿＿

◇ 村训的意思是:＿＿＿＿＿＿＿＿＿＿＿＿＿＿＿＿＿＿

3. 参访任务

今天的参访任务中,有参观,有访谈,明确自己的参访任务。

(提示:参观前要明确地点和目的;访谈前必须明确:访问谁?想向他(她)了解什么?提什么问题?要达到什么目的等)

◇ 参观的地点是:＿＿＿＿＿＿＿＿＿＿＿＿＿＿＿＿＿

◇ 参观的目的是:＿＿＿＿＿＿＿＿＿＿＿＿＿＿＿＿＿

◇ 访谈的对象是:＿＿＿＿＿＿＿＿＿＿＿＿＿＿＿＿＿

◇ 访谈的目的是:＿＿＿＿＿＿＿＿＿＿＿＿＿＿＿＿＿

4. 开知识窗

查阅一些相关的信息,按照范例,做成"杨王村"知识窗。

范例:"南桥镇"知识窗　　　　　　　　　_____知识窗

知识窗
上海市奉贤区南桥镇是奉贤区区委、区政府所在地。南桥镇区域面积 114.68 平方千米;辖有 17 个行政村,4 个社区(街道),下辖 47 个居委会;常住人口 36.98 万人。

知识窗
杨王村

5. 活动方式

本次参访是一次团体活动,一个班可以组成若干个小组,根据杨王村的实际情况,建议分家训、村训、企业、文化等小组。以自己报名,班委协调的方式最后确定各小组人选。

◇ 我们学习小组在家训组的同学是:_____

◇ 我们学习小组在村训组的同学是:_____

◇ 我们学习小组在企业组的同学是:_____

◇ 我们学习小组在文化组的同学是:_____

◇ 我们学习小组在____组的同学是:_____

6. 家训行为

向大众公布家训的目的既是传承好家训、培育好家风、弘扬"贤文化"的需要,也是为了让公众知晓家训的内容,并可以对照该家庭成员的行为进行学习。参照本综合活动"阅读任务"第三项"小故事"的内容,写出下列家训与之对应的行为。

◇ 家训:学最好的别人,做最好的自己。

◇ 对应的行为:_____

◇ 家训:以和为贵,和气生财。

◇ 对应的行为:_____

活动二　**参访杨王村**

1. 确认目的地

杨王村位于奉贤区南桥镇东南 3 千米,东与金汇港相依,南邻柘林镇东方红村,西与六墩村毗连,北与曙光村隔河相望。该村地理位置优越,市一级公路莘奉金高速公路、金海公路、平庄公路形成了"井"字架。

2. 参观

◇ 根据计划,我所在的小组参观村里的_____

◇ 参观后,我有一些感想与大家分享:_____

3. 访谈

◇ 根据计划,我所在小组的访谈对象是:_____

(提示:访谈时不要紧张,否则会觉得很尴尬;也不要不好意思,否则会表达不畅;也不要太呆板、程式化,否则会交流困难,现场气氛比较严肃。要努力营造一个轻松、温馨的访谈氛围)

◇ 我们访谈的主要内容是:_____

_____

4. 探访杨王村

(1) 游览杨王村

杨王村东西长约 3500 米,南北长约 1680 米,村域面积 5.75 平方千米,全村总面积 8415 亩。村口是一幢古色古香、具有民族特色的塔楼,气势恢宏;紧靠塔楼旁边是村民大舞台和一个网球场……

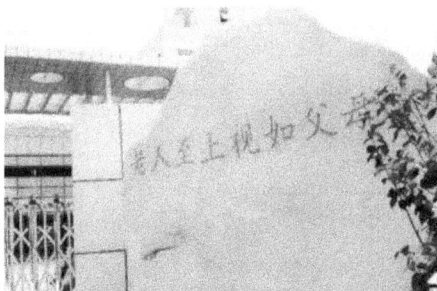

23

选一处让你深有感触的景点,或是气势恢宏的门楼,或是企业林立的杨王园,或是整洁干净的杨王苑……按下快门,记录你在杨王村走过的足迹。

◇ 其中,最让我难以忘怀的一处景点是:＿＿＿＿＿＿＿＿＿＿,理由是:＿＿＿＿＿

＿＿＿＿＿＿＿＿＿＿＿＿＿＿＿＿＿＿＿＿＿＿＿＿＿＿＿＿＿＿＿＿＿＿＿＿

（2）探访养老院的老人

沿着金海路,往前走是上海明馨养老院,供老人在这里颐养天年。养老院门口矗立着一块题刻着"老人至上视如父母"的磐石,请你联系生活,请用 100 字左右,谈谈对这句话的理解吧。

◇ 我的理解是:＿＿＿＿＿＿＿＿＿＿＿＿＿＿＿＿＿＿＿＿＿＿＿＿＿＿＿＿

＿＿＿＿＿＿＿＿＿＿＿＿＿＿＿＿＿＿＿＿＿＿＿＿＿＿＿＿＿＿＿＿＿＿＿＿

＿＿＿＿＿＿＿＿＿＿＿＿＿＿＿＿＿＿＿＿＿＿＿＿＿＿＿＿＿＿＿＿＿＿＿＿

5. 走访当地村民

杨王村是一块风水宝地。它的魅力不仅在于它繁荣的经济发展,更在于它的新风尚。请采访一位当地居民,了解杨王村的风土人情。

（1）确定采访对象（　　）

A. 班级中一位来自杨王村的同学

B. 当地老乡

◇ 理由是:＿＿＿＿＿＿＿＿＿＿＿＿＿＿＿＿＿＿＿＿＿＿＿＿＿＿＿＿＿＿

（2）了解杨王土特产

◇ 经过采访,我了解到,杨王村的土特产有:＿＿＿＿＿＿＿＿＿＿＿＿＿＿＿

＿＿＿＿＿＿＿＿＿＿＿＿＿＿＿＿＿＿＿＿＿＿＿＿＿＿＿（至少写出三项）

（3）感受杨王村"贤"风尚

◇ 杨王村全国闻名,更是我区首屈一指的先进示范村,能将这种先进性长久保持,不断取得新成绩,凭借的是什么精神?

＿＿＿＿＿＿＿＿＿＿＿＿＿＿＿＿＿＿＿＿＿＿＿＿＿＿＿＿＿＿＿＿＿＿＿＿

◇ 我们要学习杨王村的"贤"风尚,在学校,我要做到:＿＿＿＿＿＿＿＿＿＿

＿＿＿＿＿＿＿＿＿＿＿＿＿＿＿＿＿＿＿＿＿＿＿＿＿＿＿＿＿＿＿＿＿＿＿＿

活动三　**杨王村归来**

1. 本组心得交流

用 100 字左右的篇幅,在下面的横线处描写你游新农村杨王村的所见所思所想。请小组长主持全组同学交流,然后请语文老师评出本小组最优秀的作品。

◇ 我的作品如下:

_____

_____

_____

◇ 本小组最优秀的作品是_____同学的作品。

2. 杨王村的数学问题

杨王村把农民增收当作实现小康生活和建设新农村的核心问题来抓,2007 年全村村民家庭人均可支配收入 1.5 万元,到 2009 年全村村民家庭人均可支配收入达到 1.815 万元。如果杨王村人均可支配收入增长连续两年相同,那么杨王村人均可支配收入每年的增长率是_____。

3. 杨王村便民服务

杨王村村委为了方便广大居民,提高政务效率,考虑制定杨王村便民通讯录,请你帮忙收集杨王村各部门、娱乐设施的电话、E-mail 或 QQ 等联系方式:

部门	电话	E-mail	QQ

4. 递交建议

杨王文化广场是为居民提供休闲娱乐的公共空间和文化活动的场所,村党委和村委花费了大量的精力和物力打造了这样一个活动的区域,但是在实际使用中存在种种不尽如人意的地方,如开放时间过长,各种噪音影响周围居民休息,居民活动缺乏组织和管理,存在安全隐患。如果我是一名杨王村的居民,我要履行自己的义务,为大家献计献策,排忧解难。

我的意见或建议是:

◇ _____

◇ _____

◇ _____

◇ _____

5. 建美丽贤城

杨王苑是杨王人的栖居地,是一处非常有现代气息的别墅群。而科技发展是日新月异的,假定你是一位科学家,请你发挥你的聪明才智,发明一件高新科技产品,作为新农村配套设施,使居民生活更节能环保,更便捷。

◇ 我是小小科学家,我想发明一款_____作为杨王苑配套设施,造福当地百姓。我发明的高科技产品,它的功能主要有:_____

_____

6. 杨王在线

《杨王在线》自 2009 年 7 月上线以来得到了广大居民的大力支持与喜爱,居民及园区内的企业可上线交流及阅读《杨王报》上的新闻,为了与时俱进,及时更新内容,请大家踊跃为《杨王在线》提供信息内容(新闻公告、娱乐评论,利民建议、招聘信息等均可)。

◇ 我提供的内容是:

_____

_____

活动评价表

评价标准		自评	互评	师评
信息采集	浏览网上或书本资料,认真完成阅读任务。			
	活动准备有条不紊,能带齐活动所需物品。			
	收集有关资料,及时整理、归类、存放。			
发现探索	善于思考,能发现并解决活动中遇到的问题。			
	活动中有自己的创意,并与同学分享。			
	能积极主动帮助别人解决问题。			
合作态度	认真听从老师的安排。			
	积极与他人团结协作。			
完成作业	按时完成各类作业,且质量较高。			
	能积极参加活动评比,态度认真,获得好评。			

注:评价可以分为 A、B、C、D 四个等级,分别为:A 代表非常好;B 代表很好;C 代表较好;D 代表一般。互评要 3 位同学参评。

_____同学在这次综合实践活动中自己认为可以得到(   )个 A,同学认为他可以得到(   )个 A,老师认为他可以获得(   )个 A。

互评同学签名:_____、_____、_____

师评教师签名:_____

活动建议书

项目	具体建议
活动内容改进意见	
活动方法改进意见	
其他意见	

注:活动建议书由参与课程活动的同学本人填写。

主题活动二

古镇古桥古寺　神韵神工神和

【导　语】

古镇古桥古寺,奉贤人文景色的名片,奉贤人民聪明才智的结晶。

古镇不同的地理、气候、经济及民俗等条件,形成了不同地域聚居文化。古镇所独有的文化资源是地域文化的集中表现,既反映了地域自然地理的各种客观条件,也反映了地域社会人与人的关系,有着不可替代的人文价值。

古桥的价值不仅仅是桥本身的物质所在,而且也是它所蕴涵的一种人文精神,即古桥所承载和诠释的历史、文化及其意义。古桥不仅是古代百姓的生存依托和商业经济的枢纽,古桥呈现的丰富多彩的传统生活,凝聚了所处社区的物质文明和精神文明,已成为一种传统的文化符号。

古寺,这里主要指佛教的庙宇。这类庙宇一般都有大雄宝殿,其中有精工细雕的释迦牟尼佛像、药师佛像、阿弥陀佛像和观音菩萨像等,栩栩如生,慈严端肃。

古镇古桥古寺,都属于一种历史情境,是原生态文化环境与社会环境融为一体的历史情境。我们可以在这个历史情境中感受无穷的魅力。

综合活动一　古镇风貌

阅读任务

阅读《敬奉贤人，见贤思齐》读本第二章后，回答问题。

1. 选择题

下列对古镇景物表述不正确的一项是（　　）

A. 古镇有石板路和黑白两色墙面的房屋。

B. 古镇的房屋结构大多类似，属于木质结构，有的还有雕花装饰。

C. 庄行老街是奉贤目前保存较好的富有江南水乡神韵的明清一条街，有 600 余年的历史。

D. 走进青村古镇，家家阁楼交错，互相辉映，房屋的后刹，台阶依次垒砌。阁楼上有疏密有致的窗格。

2. 简答题

《奉贤古镇的古朴神韵》一节中说："古镇承载着一段古老而辉煌的历史文化，浸润着每一位奉贤儿女的心田。"

◇ 我理解的"古老而辉煌的历史文化"的内涵是：＿＿＿＿＿＿＿＿

＿＿＿＿＿＿＿＿＿＿＿＿＿＿＿＿＿＿＿＿＿＿＿＿＿＿＿＿＿

◇ 我理解的"浸润心田"的意思是：＿＿＿＿＿＿＿＿＿＿＿＿＿

3. 填空题

◇ 能代表古镇特色的路是古镇的＿＿＿＿路。

◇ 能代表古镇房屋的墙是古镇房屋＿＿＿＿两色的墙。

◇ 庄行老街旁的塘取名＿＿＿＿塘。

◇ 位于奉贤北与闵行区、浦东新区交界处的奉贤古镇是＿＿＿＿古镇。

活动一 **古镇信息**

1. 古镇位置

　　同学们,奉贤区的主要古镇有庄行镇、青村镇、金汇镇等,根据网页的百度地图,在下面的方框内标出它们的具体位置(其中用红色的"A"字母标出古华中学的位置)和距离。

　　◇ 庄行镇位于古华中学的____面(方向),古华中学到庄行镇的路程是:____km
　　◇ 青村镇位于古华中学的____面(方向),古华中学到青村镇的路程是:____km

2. 古镇概况

（1）庄行镇概况
　　◇ 我查的庄行镇概况是_____(网络、图书)

◇ 庄行镇概况如下(包括历史变迁、地理位置、经济状况等):

_____

_____

_____

(2) 青村镇概况

◇ 我查的青村镇概况是_____(网络、图书)

◇ 青村镇概况如下(包括历史变迁、地理位置、经济状况等):

_____

_____

_____

3. 古镇特产

左图是奉贤古镇特产蜜梨,你知道它的产地是哪一个古镇吗?蜜梨的特点是什么?

◇ 蜜梨的产地是:奉贤_____镇

◇ 蜜梨的特点是:_____

_____

4. 古镇建筑

潘垫镇又名潘镇,俗称潘店。位于庄行镇南、倩舍塘畔、冷泾西侧,距庄行镇3千米。唐朝末年,这里已有潘姓居住形成村落。据清光绪《重修奉贤县志》记载:五代十国时,前蜀丞相潘葛故宅在此,故曰潘镇。潘丞相及其妻李氏墓葬于潘店之东。潘垫侧有杏泾,因潘葛之妻李氏喜杏,葬地临泾植杏而名,即今冷泾。

◇ 这座建筑物是:_____

(提示:填写建筑物类型的名称)

活动二　**古镇风貌**

1. 古镇的路

　　石板路是用大小、宽厚差不多的条石铺成的路。脚板的老茧和风雨的磨砺,使原本粗糙不平的条石变得光溜溜,留下了岁月的沧桑。

　　◇ 寻找古镇的石板路。右图是奉贤区古镇的石板路。

　　◇ 这些石板的材质是:_____

2. 古镇的老街

　　古镇庄行老街长约 1000 多米,最早形成于 600 多年前,是奉贤区保存较好富有江南水乡神韵的明清建筑一条街,老街旁的南桥塘开挖于明代嘉靖年间,庄行老街除中段被一条新街横穿,保存基本完整。老街上主要建筑有东街汪家故居、李雪亭宅、褚泾庙旧址、油车弄刁家古宅、混堂弄何六其宅、王家宅。市河上则有毓秀桥、八字桥等古桥。

　　◇ 上面图片中的街道取名_____街。

　　◇ 上面图片中门牌号 44 的是住户还是商铺? 答:_____

33

3. 古镇的房屋

（1）房屋的结构（黑白篇）

◇ 古镇的房屋有木质结构,也有砖木结构。左边图片中的房屋属于_____结构。

请你研究一下,房屋白色墙外面是什么涂料,里面是什么材质。(注意:不可以用工具刮铲,只要从破损的地方观察即可)

◇ 涂料是:_____,里面的材质是:_____

（2）房屋的结构（原木篇）

古镇临街木质结构的房屋一般是上下两层,在现场观察右图木质结构的房屋,看看上层与下层的大小有什么不同,为什么不同? 上下层各有什么用处?

◇ 上下层大小不同的地方是:

_____

◇ 上层的主要作用是:_____

◇ 下层的主要作用是:_____

4. 古镇的水

◇ 古镇的房屋一般傍水而建。一条蜿蜒曲折的河水紧紧环抱着白墙黑瓦的小屋,缓缓流动的河水及水中疏密间树木的倒影相映成趣,体现了人与自然的高度和谐。

请你选择一条类似左图的小河,观察一下小河的水,看看是否清澈,如果不清澈,有污染的话,看看污染物是什么。

◇ 小河的清澈度(10 分为最清澈):

_____

◇ 小河中的主要污染物是(按数量的多少排列):_____

◇ 我认为,减少小河污染的办法是:_____

_____

活动三 古镇神韵

1. 古镇的节日

（1）上海庄行伏羊节

作为上海市非物质文化遗产项目，大伏天吃羊肉烧酒是庄行地区数百年来形成的传统饮食文化，并享有"千年伏羊看庄行"的美誉。自 2008 年首届伏羊节举办至今，庄行伏羊节已经成为沪上夏季乡村旅游的主打品牌之一。伏羊节的品牌核心价值——福，强调通过节庆让游客享受健康美食带来的福气以及幸福、快乐、亲切的旅游休闲体验。"吉羊如意醉美庄行"的口号，传递了生活吉祥、安康的美好寓意。

◇ 上海庄行伏羊节的举办地在_____

◇ 上海庄行的羊肉有_____的特点。

◇ 伏羊节时人们既吃羊肉又吃蜜梨，按先吃_____后吃_____顺序吃，因为这样既可_____又可_____

◇ 上海庄行伏羊节的寓意是：_____

（2）上海奉贤菜花节

每年油菜花绽放的春天，上海奉贤菜花节开幕。奉贤菜花节比较注重游客的参与性、互动性和趣味性。例如 2014 年菜花节期间，市民可以关注"花米庄行"微博、微信，查看相关活动信息，并分享个人感受及随拍照片。主办方还特别搭建了一个乡村大戏台，表演不同类别的节目，演员以民间社团为主，游客可在踏青游玩中享受一份独特的乡村味道。更具吸引力的是遍布花米庄行的农家乐,绿色有机的蔬果,天然肥美的鸡鱼、地道农家的烹调方式,让你的菜花节之行成为视觉、嗅觉、味觉的多重享受。

◇ 在百度中搜索"上海奉贤菜花节导览图",将搜索到的导览图的网址写在下面的横线上。

_____

◇ 上海奉贤菜花节举办的具体地址是:_____

◇ 上海奉贤菜花节诚邀广大市民游客届时到奉贤来采"金"。这个"金"的具体内涵是:_____

◇ 往年的菜花节现场设立电子大屏幕,游客可以在菜花节现场拍摄照片,并将照片通过手机端上传至现场大屏幕。我也想参与这项活动,我给自己拍摄的照片取名为:_____

2. 古镇纪念碑

1929 年,为配合全国农民运动高潮的到来,经中共淞浦特委决定,同意在庄行举行农民武装暴动。1 月 28 日晚,600 多名农民佩戴红领带标志,手拿大刀、铁叉、棍子、长矛和土枪,在陈云、刘晓、唐一新等同志领导下,发动了著名的"庄行暴动"。1967 年 5 月,庄行人民为纪念暴动牺牲的唐一新等烈士,立碑纪念。1985 年重建纪念碑,由当年暴动的领导者刘晓同志亲笔题写了"庄行暴动烈士纪念碑"碑名。

◇ 庄行暴动烈士纪念碑的具体地址是:_____

_____

◇ 庄行暴动的烈士指的是:_____

◇ 瞻仰纪念碑后,我的感想是:_____

_____

_____

活动评价表

	评价标准	自评	互评	师评
信息采集	浏览网上或书本资料,认真完成阅读任务。			
	活动准备有条不紊,能带齐活动所需物品。			
	收集有关资料,及时整理、归类、存放。			
发现探索	善于思考,能发现并解决活动中遇到的问题。			
	活动中有自己的创意,并与同学分享。			
	能积极主动帮助别人解决问题。			
合作态度	认真听从老师的安排。			
	积极与他人团结协作。			
完成作业	按时完成各类作业,且质量较高。			
	能积极参加活动评比,态度认真,获得好评。			

注:评价可以分为 A、B、C、D 四个等级,分别为:A 代表非常好;B 代表很好;C 代表较好;D 代表一般。互评要 3 位同学参评。

_____同学在这次综合实践活动中自己认为可以得到(　　)个 A,同学认为他可以得到(　　)个 A,老师认为他可以获得(　　)个 A。

互评同学签名:_____、_____、_____

师评教师签名:_____

活动建议书

项目	具体建议
活动内容改进意见	
活动方法改进意见	
其他意见	

注:活动建议书由参与课程活动的同学本人填写。

综合活动二　古桥风貌

阅读任务

阅读《敬奉贤人，见贤思齐》读本第二章后，回答问题。

1. 选择题

下列对奉贤古桥表述不正确的一项是（　　　）

A. 奉贤现在有 260 多座古桥，所以有"百桥之乡"的美誉。

B. 南石桥是南桥镇唯一仍在原地使用的古代石拱桥。这座桥属于区级文物保护单位。

C. 奉贤属于江南水乡，水多则桥多，所以，奉贤也是有名的"桥乡"。

D. 奉贤的桥，承载着奉贤的历史，我们有责任去续写辉煌的历史。

2. 简答题

《奉贤古镇的古朴神韵》一节中说："摇啊摇，摇到外婆桥，似乎是千年不变的境地。""外婆桥"是传说中的桥。传说是七仙女留在凡间的一对儿女为给外婆祝寿，千里迢迢到瑶琳寻找外婆。当他俩路过此地，有一道又深又急的溪水挡住去路。这时，吕洞宾正巧经过这里，见此情景就用手中宝剑在溪水上划了一个大弧形。眨眼间水面上出现了一座石拱桥，终使祖孙得以相见。后来为纪念王母娘娘对外孙、外孙女的一分至爱之情，就把这座桥取名为"外婆桥"。

◇ 你心中的外婆桥是什么模样？

_____

◇ 任贤齐演唱的《外婆桥》你会唱吗？不会的话，不妨学一学。

39

活动一 **古桥信息**

1. 古桥位置

同学们,你们应该知道南桥、钱桥、头桥、邬桥、胡桥这些地名吧……这一系列与"桥"有关的地理名词无不验证着我们奉贤是上海著名的"桥乡"。近日,市文管委对市内文物进行普查。通过普查,奉贤发现清、明代重建新市桥等两代古桥梁 80 余座。其中比较著名的两座是南塘第一桥和继芳桥。请同学们根据百度地图,在下面的方框内标出它们的具体位置和距离。

◇ 南塘第一桥位于古华中学的_____面(方向),古华中学到南塘第一桥的路程是:_____千米。

◇ 继芳桥位于古华中学的____面(方向),古华中学到继芳桥的路程是:_____千米。

2. 古桥概况

(1)南塘第一桥概况

◇ 我通过_____(网络、书籍)方式查到了关于南塘第一桥的概况。

◇ 南塘第一桥的概况是_____

_____

_____

（2）继芳桥概况

◇ 我通过_____（网络、书籍）方式查到了关于继芳桥的概况。

◇ 继芳桥的概况是_____

_____

_____

3. 古桥印象

通过游览古桥，你对它们的外形特点有了认识，请完成下列填空。

◇ 左图是_____桥，它的特点是_____

_____

◇ 右图是_____它的特点是_____

_____

4. 古桥文化

清代嘉庆年间诗人汝霖有赞桥绝句：

先德重勤问俗轺，漫随竹马入风谣。

南塘春色浓于酒，佳句争传第一桥。

◇ 你能说说这首诗的大意吗？

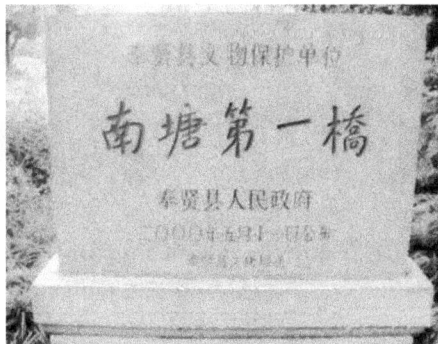

_____

_____

活动二 古桥风貌

1. 古桥的类型

中国古代桥梁根据其结构的承载状况和杆件的受力性质分析,可分为三大类型:索桥、梁桥、拱桥。

◇ 左图是奉贤区_____古镇的古桥,名为_____桥。

◇ 这座古桥的类型是_____。

2. 古桥的结构

庄行古桥类型多为石拱桥。中国石拱桥不但形式优美,而且结构坚固。中国著名的赵州桥,大拱的两肩上各有两个小拱。拱上加拱,桥身也更美观。大拱由28道拱圈拼成,作成了一个弧形的桥洞。

赵州桥

庄行古桥

请参照图片,找出两桥的相似点:

_____

3. 古桥的历史

一座古桥,演绎着一段历史,反映着一个时代的兴衰,当你靠近它的时候,你能感受到历史就在你的身边。

请介绍毓秀桥和八字桥的历史:

_____

_____

_____

_____

4. 古桥的现在

中国古桥一般是没有栏杆的,但是现在庄行古桥如福善桥等,都加装了栏杆,对于这样的做法,你怎么认为呢?

◇ 我认为保持原样好,理由是:

_____

_____

◇ 我认为加栏杆好,理由是:

_____

_____

_____

5. 古桥的未来

古桥见证了中华民族五千年的历史,但是随着时间的流逝,古桥已不再年轻,终有一天,它们经受不住岁月的考验,将会从我们的视线中消失。我们应该如何保护这些古迹?

_____

_____

活动三 **古桥神工**

1. 填空题

◇ 奉贤有桥260多座,保留至今的古桥有130余座。我们奉贤的很多地名,如南桥、钱桥、头桥、邬桥、胡桥……许许多多地名都与"桥"有关,故而奉贤享有(　　　　)的美誉。

◇ 在奉贤数百座大大小小、形式不一的桥梁中,最古老的桥梁是(　　　　)桥,它始建于(　　　)朝代,位于奉贤境内(　　　　)一带。

◇ 距我们古华中学最近的桥梁比较集中的一个地方在(　　　　)(地名),你认为这里构造最为精巧的当属(　　　　)桥。我邑钟灵毓粹,人才辈出,因文武状元的一段故事而留下千古佳话的当属(　　　　)桥。

2. 简答题

经过之前对桥梁的一系列探究活动,相信同学们对奉贤的桥梁已经有所了解。现在,让我们看看,在桥梁方面,你是否是个小小奉贤通。准备回答问题吧!

我们学校地处奉贤区的中心城镇——南桥镇,你知道"南桥"因什么而得名吗?还有,作为一座桥,你知道名副其实的"南桥"如今和过往吗?"南桥",它的原址在哪里?何时迁入现在的哪一处奉贤地标性建筑?如今,它已成为什么级别的文物保护单位?此外,你还想补充些什么?

◇ 我的答案是:＿＿＿＿＿＿＿＿＿＿＿＿＿＿＿＿＿＿＿＿＿＿

＿＿＿＿＿＿＿＿＿＿＿＿＿＿＿＿＿＿＿＿＿＿＿＿＿＿＿＿＿＿

＿＿＿＿＿＿＿＿＿＿＿＿＿＿＿＿＿＿＿＿＿＿＿＿＿＿＿＿＿＿

3. 口头表达

在我们身边,总有那么一两座桥为你所熟知,或许它巧夺天工的技艺水平惊艳到你;或许它曾是你儿时曾终日流连嬉戏玩耍的一个保留场地,在你的童年记忆中留下许多欢笑;或许在这里见证了你的亲情、友情等;或许经历过一件不平常的事情;或许……它曾在你心中留下过深深的印记。

总会有一座桥,深藏在你心底,此刻,请把发生在令你很深印象的那座桥和你之间的故事与同伴分享吧。

_____

_____

_____

4. 评一评

"南朝四百八十寺,多少楼台烟雨中"是我们耳熟能详的诗句。桥梁,历经岁月风云流转,固执地伫守在河畔,船一样渡人到对岸,沟通两岸,跨越古今,方便人们来往出行,其所发挥的作用千百年都不会埋没。而有见识,乐于为乡邻谋福祉的奉贤人不吝出财力,造福一方,他们的名字也和古桥一起千古流芳。

位于青村东街的"继芳桥"(见右图),始建于明代万历年间。此桥工艺独特,雄伟非凡,桥身雕刻精美,体现出很高的艺术水准,堪称我区石拱桥之冠,是我区重要的一处历史文物古迹。2004年被公布为区级文物保护单位。关于出资这座桥的乡绅,一说为里人邹氏所建,一说为里人陈世昌所建。无论是邹氏还是陈氏,他们的名字都长存于后世。

抚今追昔,请你想一想,他能这么做,出发点是什么? 对此,我的思考是:

_____

5. 写一写

古桥所发挥的作用是难以估量的,建造古桥,造福桑梓,荫及子孙,功在千秋。请你为"继芳桥"写一则碑铭以记其功。

_____

_____

_____

活动评价表

评价标准		自评	互评	师评
信息采集	浏览网上或书本资料,认真完成阅读任务。			
	活动准备有条不紊,能带齐活动所需物品。			
	收集有关资料,及时整理、归类、存放。			
发现探索	善于思考,能发现并解决活动中遇到的问题。			
	活动中有自己的创意,并与同学分享。			
	能积极主动帮助别人解决问题。			
合作态度	认真听从老师的安排。			
	积极与他人团结协作。			
完成作业	按时完成各类作业,且质量较高。			
	能积极参加活动评比,态度认真,获得好评。			

注:评价可以分为 A、B、C、D 四个等级,分别为:A 代表非常好;B 代表很好;C 代表较好;D 代表一般。互评要 3 位同学参评。

_____同学在这次综合实践活动中自己认为可以得到(   )个 A,同学认为他可以得到(   )个 A,老师认为他可以获得(   )个 A。

互评同学签名:_____、_____、_____

师评教师签名:_____

46

活动建议书

项目	具体建议
活动内容改进意见	
活动方法改进意见	
其他意见	

注:活动建议书由参与课程活动的同学本人填写。

综合活动三　古寺风貌

阅读任务

阅读《敬奉贤人，见贤思齐》读本第二章第三、四节后，回答问题。

1. 选择题

下列对奉贤古寺表述不正确的一项是（　　）

A. 奉贤地区留存的古寺庙，以位于奉城镇的万佛阁为最。

B. "先有万佛阁，后有奉城镇"，是因为明朝的信国公汤和大将军为防倭寇入侵，将原是乡间小庵的万佛阁就地建在北门月城湾内。

C. 文化名人郭沫若、田汉、夏衍等人曾经到过卜罗德祠堂。

D. 二严寺始建于元代。

2. 简答题

已故中国佛教协会会长赵朴初（1907～2000）曾为奉贤洪福寺的方丈。

赵朴初是著名作家、诗人和书法大师，著名社会活动家，伟大的爱国主义者，是杰出的爱国宗教领袖。在国内外宗教界有着广泛的影响，深受广大佛教徒和信教群众的尊敬和爱戴。他是第一、二、三、四、五届全国人大代表。第六、七、八、九届全国政协副主席。他一生追求进步、探索真理，孜孜以求，矢志不移。在近七十年的漫长岁月中，与中国共产党风雨同舟，亲密合作，为中国人民解放事业和社会主义建设事业，为造福社会、振兴中华，作出了不可替代的卓越贡献。

◇ 你知道赵朴初与古华中学有什么联系吗？举一例说明。

活动一　**古寺信息**

1. 寻访古寺

佛教传入奉贤地区,已有1200余年的历史。请你写出奉贤有哪些古寺。

◇ 方广教寺、_____、_____、_____

2. 地理位置

请你确定万佛寺、洪福寺位于奉贤区的哪个小镇。

◇ 万佛阁位于奉贤区_____　　　　洪福寺位于奉贤区_____

3. 古寺概括

(1) 万佛阁概况

◇ 我通过_____(网络、书籍、实地)了解到了万佛阁的概况。万佛阁由万佛楼、_____与_____组成。

(2) 洪福寺概况

◇ 我通过_____(网络、书籍、实地)了解到了洪福寺的概况。洪福寺又称_____,寺门巍峨壮观,上镶_____金字匾额。进入寺内第一个大殿有_____二将。

4. 古寺印象

通过寻访千年古寺,你对它们的外形特点有了认识,请完成下列填空。

◇ 上页左图是_____,它的特点是_____

_____

◇ 上页右图是_____,它的特点是_____

_____

5. 奉贤城隍

"城隍",有的地方又称城隍爷,是古代汉民族宗教文化中普遍崇祀的重要神祇之一,大多由有功于地方民众的名臣英雄充当,是汉族民间和道教信奉守护城池之神。奉贤的上真道院内有城隍神。

上真道院现有道院三进,三幢大殿。进正门第一殿为"张杨殿",供奉张天师和杨侯天昭。左供蛇王神,右奉靖伟王。其中还供千手观音。第二殿是"斗姆殿",中间两边还供奉慈航道人铁观音,南极仙翁。左一间供奉靖江王施全,右一间供奉奉贤城隍。第三殿为主殿,供奉三清。左侧供奉刘猛,右侧为王母娘娘殿。主殿西另有财神殿,正中是三位财神:范蠡、比干、赵公明。殿后还供奉着土地老爷和关公。西面偏殿有专供的阎王殿。

填空

◇ 上海奉贤县城隍神_____是清代松江知府,生前为官清廉,最后为治理地方水患以身殉职,奉贤县的百姓为了纪念他,供奉他为奉贤县的城隍神。

◇ 上海城隍庙里供奉的城隍神是:_____

6. 古寺魅力

现在请你做一名导游,请选择一个古寺来介绍。(请你从游客的角度想想,游客最想知道的是什么?同时要注意说明顺序,比如由外到里、从上到下等)

_____

_____

_____

活动二　**古寺风貌**

1. 古寺的屋

经历千年的古寺,一如那修行得道的高僧,在历史的轮回中,在沧桑的岁月里,执著地念诵着那亘古的佛教经典。

◇ 右图是奉贤著名的古寺

_____

◇ 寺庙由 _____

_____等建筑组成。

2. 古寺的墙

奉贤地区留存的古寺庙,以位于奉城镇的万佛阁为最。万佛阁距今已有 600 多年历史。1989 年万佛阁修茸一新,重新开放。万佛阁的建筑依城傍水,由低渐高,尤其是后法堂楼阁建在古城墙上,别具一格。

◇ 明洪武十九年,为防_____

入侵,_____大将军督筑奉城城墙,

将万佛阁就地重建于北门月城湾内。

◇ 报效祖国,匹夫有责。作为一名初中学生,你可以做些什么?

我可以:_____

_____

_____

3. 古寺的住持

1996 年 5 月,奉贤县人民政府,宗民办及上海佛教协会协商,邀请上海佛学院毕业僧智能法师来寺主持日常工作,上海佛教协会理事、奉贤区佛教协会副会长、区政协委员,二严寺住持智能法师被上海慈善基金会评为"慈善之星"。

智能法师是一个佛教徒,又是一个爱党、爱国者,平时积极参加社会慈善事业及社会公益活动,身体力行地带动广大信教群众投身奉贤的"两个文明"建设。在奉贤区2004年新年一日捐动员大会召开后,智能法师代表二严寺慷慨捐款5万元。

◇ 对于古寺住持的善举,你的感受是:_____

◇ 在平时的生活中,你参加过哪些公益活动?

我参加的公益活动有:_____

4. 古寺的佛像

佛像,为佛陀塑像的简称。古寺佛像,在灯光下,满堂金光灿灿。庄严与宏伟并存,光明与豪华相映,表现了慈悲、优美、宁静的审美情调。不论香客游人,无不肃然起敬,赞颂惊叹,礼佛之心油然而生。

◇ 在奉贤的古寺中,分别供奉着哪些佛像,你能说出其中的几个吗?

我知道的佛像有:_____

◇ 佛教相信每个人的命运都掌握在自己手中。佛教其实并不推崇科学的敌人——迷信,相反,佛教是推崇理性、反对迷信、注重因果的,它包含着丰富的辩证思维内容,并一向支持科学技术发展。

在生活中,你看到过哪些封建迷信活动?看到封建迷信活动,你会怎么做?

我看到的封建迷信活动有:_____

这些封建迷信活动的后果是:_____

看到封建迷信活动,我会:_____

52

活动三　**古寺神和**

1. 寺名由来

● 二严寺

《涅槃经·十七卷》曰"二种庄严",一者智慧,二者福德,称为"福智二严",故取名"二严寺"。

从上述信息中,我知道二严寺的"二严"指的是_____庄严,_____庄严。

● 万佛阁

明洪武十九年(公元 1386 年)为防御海上倭寇入侵,明太祖朱元璋派遣信国公汤和大将军督筑奉城城墙,遂将万佛阁围于北门月城湾内。故当地有"_____ _____"之说。

2. 古寺文化

古寺阵阵敲击木鱼的声音,千百年来一直在祥云笼罩的上空回荡。当夕晖已然褪尽,只有他依然身披一袭袈裟,双手合十,在虔诚的信徒心中,播撒着那普度众生的佛光。

二严寺、万佛阁属于_____(宗教)寺庙。我还知道_____(寺庙)也是属于这个宗教。

该宗教的鼻祖是_____,中国四大名著《_____》中师徒四

人取经的目的地就是该宗教的起源地_____。

3. 民俗习惯

从汉末到明清时代,民间对寺庙的建造充满着

浓厚的兴趣,各寺庙中的供佛香火一直经久不衰。寺庙作为佛教信徒活动的中心,不仅是佛教供奉佛与菩萨的神圣殿堂,也是无数善男信女向自己心中的神灵祈祷的圣洁之地。

按照中国民间习俗,每逢初一、十五,广大群众到寺院烧香拜佛,来祈求＿＿＿＿＿＿
＿＿＿＿＿＿＿＿＿＿＿＿＿＿＿＿＿＿＿＿＿＿＿＿＿＿＿＿＿＿＿＿＿＿＿。

除此之外,你还知道哪些祈福的民俗呢?

＿＿＿＿＿＿＿＿＿＿＿＿＿＿＿＿＿＿＿＿＿＿＿＿＿＿＿＿＿＿＿＿＿＿＿＿＿

你有什么愿望吗? 你会去寺庙祈求吗? 为什么?

＿＿＿＿＿＿＿＿＿＿＿＿＿＿＿＿＿＿＿＿＿＿＿＿＿＿＿＿＿＿＿＿＿＿＿＿＿

4. 古寺现状

随着扑面而来的古朴气息,我们步入香火鼎盛的寺庙圣地,在重重院落中惊叹巧夺天工、荟萃古今的建筑;在曲曲回廊里,我们凝眸那栩栩如生、琳琅满目的壁画;在肃穆静寂时,我们聆听那清吟梵唱,感悟深邃的微妙禅机……

古寺风貌依旧庄严恢弘,民俗习惯依旧长盛不衰,但小贩的叫卖声让这神圣的场所蒙上了不再纯净的色彩。

面对这样的现状,你有什么想法或建议呢?

＿＿＿＿＿＿＿＿＿＿＿＿＿＿＿＿＿＿＿

5. 古寺未来

古寺见证着中华民族的历史沧桑,依旧保持淳朴。而今,时代变迁,各种高楼大厦拔地而起,现代化的设施彰显着科技的优越,同时,越来越多的人不再有宗教信仰,古寺的未来着实令人担忧。放弃还是维护? 传统文化还是未来科技? 你会选择哪一方? 有两全其美的方法吗? 分享你的看法。

坚持"传统文化"	选择"未来科技"	两全其美的办法

活动评价表

评价标准		自评	互评	师评
信息采集	浏览网上或书本资料,认真完成阅读任务。			
	活动准备有条不紊,能带齐活动所需物品。			
	收集有关资料,及时整理、归类、存放。			
发现探索	善于思考,能发现并解决活动中遇到的问题。			
	活动中有自己的创意,并与同学分享。			
	能积极主动帮助别人解决问题。			
合作态度	认真听从老师的安排。			
	积极与他人团结协作。			
完成作业	按时完成各类作业,且质量较高。			
	能积极参加活动评比,态度认真,获得好评。			

注:评价可以分为 A、B、C、D 四个等级,分别为:A 代表非常好;B 代表很好;C 代表较好;D 代表一般。互评要 3 位同学参评。

_____同学在这次综合实践活动中自己认为可以得到(　　)个 A,同学认为他可以得到(　　)个 A,老师认为他可以获得(　　)个 A。

互评同学签名:_____、_____、_____

师评教师签名:_____

活动建议书

项目	具体建议
活动内容改进意见	
活动方法改进意见	
其他意见	

注:活动建议书由参与课程活动的同学本人填写。

主题活动三

乡歌乡剧乡戏　奇妙奇秀奇美

【导语】

乡歌乡剧乡戏,奉贤艺术瑰宝的名片,奉贤历史文化的结晶。

上海作为一座历史文化名城,拥有丰富多彩、独具特色的文化遗产资源,其中不仅有珍贵的物质文化遗产,还有许多代代传承的非物质文化遗产,成为见证上海城市发展的"活化石",是上海的城市文脉。

《白杨村山歌》《严家私情》和《林氏女望郎》是奉贤三首最长的叙事山歌,歌词共达6000多行。

奉贤山歌剧是由流行于民间的山歌发展演变而成的上海本土新剧种,是继沪剧、滑稽戏之后发源于上海本土的第三大剧种。

齐贤皮影戏完全承袭了江南皮影的艺术风格。皮影以绘画为主,色彩十分艳丽,在灯光透视下十分新奇。每逢农历七月初二起至深秋初冬,是皮影戏演出活动的最佳时段。

综合活动一　奇妙乡歌

阅读任务

阅读《敬奉贤人,见贤思齐》读本第七章后,回答问题。

1. 选择题

下列对《白杨村山歌》表述不正确的一项是(　　)

奉贤著名山歌手朱炳良

A.《白杨村山歌》主要在奉贤中部地区,特别是在齐贤、金汇地区流传。

B. 朱炳良是唱《白杨村山歌》的代表人物,被称为"山歌大王"。

C.《白杨村山歌》发源于上海闵行黄浦江南岸,这里有江南水乡的典型特征,是这里的山水孕育了乡歌。

D.《白杨村山歌》讲述的是爱情故事,涉及到奉贤的民俗风情、人文景观、节气时令及衣食住行等内容。

2. 简答题

《白杨村山歌》流传地主要在奉贤中部地区。齐贤龙潭村的著名歌手朱炳良是代表人物。朱炳良出身于贫苦农民家庭,从小当裁缝做长工,没进过学堂读书。他喜爱学唱山歌,拜师学艺,刻苦认真。他没有文化,但记性之好,令人叫绝。他除了能演唱3100多行的《白杨村山歌》,还能演唱另外两篇叙事长诗《林氏女望郎》和《严家私情》(三首共6000多行),被称为"山歌大王"。解放后,曾参加专区、省、市的会演,广受好评。他演唱的《白杨村山歌》等三篇长叙事诗歌先后发表在《民间文艺集刊》上(上海文艺出版社)。1984年被中国民间文艺家协会吸收为会员,1987年病逝。

◇ 查阅资料,《白杨村山歌》的男女主人公分别是谁? _____

活动一　了解乡歌

1. 追本溯源

中华民族是一个多民族组成的大家庭,各民族都有自己代代相传的文化瑰宝。在文化艺术方面,藏族的(　　　　　)、蒙古族的(　　　　　)、柯尔克孜族的(　　　　　)被称为中国文坛上气势磅礴的三大长篇英雄史诗。

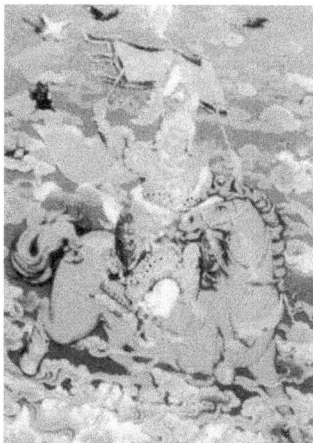

上海市奉贤区是著名的"民歌之乡",各类长短山歌演唱源远流长。而长篇叙事诗《白杨村山歌》更是流传于民歌之乡的一颗璀璨的明珠。故事自(　　)朝开始流传于当时的金汇镇,至今已有 800 多年左右的历史。它是劳动人民的口头创作,主要靠(　　　　)形式流传下来。

2. 文化常识

《白杨村山歌》是一篇关于(　　　　　)主题的汉族长篇叙事诗,故事的男主人公是(　　　　　),女主人公是(　　　　　),故事中的大反派是(　　)。读完故事梗概后,请你谈谈感悟到的故事的主旨是什么。

我认为,故事的主旨是:＿＿＿＿＿＿＿＿＿＿＿＿＿＿＿＿＿＿＿＿

而长诗最后一节通过薛景春之口向封建社会发出悲愤控诉:"为啥有缘千里不能会? 为啥棒打鸳鸯两边分?""穷人苦处向谁伸?"

类似的题材,你也许还在其他文艺作品中见到过,试举一例:＿＿＿＿＿＿＿

3. 了解故事

《白杨村山歌》在语言上继承"吴歌"传统,使用奉贤话创作的,大量地运用方言俗语、谚语、歇后语,穿插历史、戏曲典故,具有浓郁亲切的江南气息。

身为一名当代学生,身为奉贤人,读起《白杨村山歌》,你是否存在语言上的阅读障碍? 让我们先从每一章节的题目入手吧。《白杨村山歌》全篇分"卖甜瓜""织手巾""汏手巾""姐渡河""嫁姐""讨妻""抬轿""哭嫁""送姐""寻姐""二次寻姐"等正歌和《杨村丫枝》中"采桑""采鲜桃""揭落苏""打窗棂""香油垫""男点药""捏面裹馄饨"共18个篇章。

如果有文字上的阅读障碍,请向周围的大人或同学请教,再和同学们交流18个篇章题目是什么意思。

用普通话说,18个篇章的题目分别是:＿＿＿＿＿＿＿＿＿＿＿＿＿＿＿＿＿

＿＿＿＿＿＿＿＿＿＿＿＿＿＿＿＿＿＿＿＿＿＿＿＿＿＿＿＿＿＿＿＿＿＿＿＿

＿＿＿＿＿＿＿＿＿＿＿＿＿＿＿＿＿＿＿＿＿＿＿＿＿＿＿＿＿＿＿＿＿＿＿＿

现在,你对《白杨村山歌》里的"吴语"是否有点感觉呢,请用普通话说说下列语句大概是什么意思:

"我拿侬姑娘云南白铜当银看成,勿晓得侬锡里灌铅勿是银!"

表述为普通话,大意是:＿＿＿＿＿＿＿＿＿＿＿＿＿＿＿＿＿＿＿＿＿＿＿＿

＿＿＿＿＿＿＿＿＿＿＿＿＿＿＿＿＿＿＿＿＿＿＿＿＿＿＿＿＿＿＿＿＿＿＿＿

"养我阿哥磨快锄头揭小花,又生铃子又开花;养我小女磨快薄刀切胡葱,切断胡葱两头空"。表述为普通话,大意是:＿＿＿＿＿＿＿＿＿＿＿＿＿＿＿＿＿

＿＿＿＿＿＿＿＿＿＿＿＿＿＿＿＿＿＿＿＿＿＿＿＿＿＿＿＿＿＿＿＿＿＿＿＿

4. 乡歌特色

（1）山歌反映的时代背景约在清朝的中后期,但其结构、句法和语言修辞都深受明代民歌的影响,与明末小说家冯梦龙的小说《＿＿＿＿＿＿＿》,在内容和结构上异曲同工。

（2）运用明喻、隐喻、双关语等多种修辞方法,使人、景、物生动形象。例如:"我拿侬姑娘云南白铜当银（银谐音人）看成,勿晓得侬锡里灌铅勿是银!"运用了＿＿＿＿＿＿＿的修辞方法。

（3）人物刻画,性格鲜明,感情真挚,富有艺术感染力。例如:"郎说道姐呀,哪怕侬嫁到三十三层天堂路,我拦住天堂勿许侬走;哪怕侬嫁到十八层地狱门,我撬开地狱也要搭侬一淘登。我好比长江里蚂蟥曲发曲发虹住侬姑娘螺蛳脚,到东到西一路行。"此句中表现了人物＿＿＿＿＿＿＿＿的性格特点。

活动二　**学唱乡歌**

1. 品味乡歌

《白杨村山歌》语言生动,富于感染力。山歌中有不少类似陕北"信天游"的优美诗句,如"栗子花开来瓣瓣歪,滕馒头落地谢姆妈。姆妈呀,角树花开来黑沉沉,夫家头一个重阳要讨回头信;丝瓜花开来象喇叭,夫家第二个重阳催陪嫁;么菱花开来青凌凌,夫家只讨我陪嫁勿讨我人"等。

下面,请听一段陕北信天游《兰花花》,注意其唱词和这部山歌有哪些异同点。

经比较,我发现:＿＿＿＿＿＿＿＿＿＿

＿＿＿＿＿＿＿＿＿＿＿＿＿＿＿＿＿＿

2. 感悟主旨

《白杨村山歌》主要讲述了方大姐热爱劳动,热爱生活,心灵手巧,心地善良,追求自由恋爱与婚姻的故事。偶然的机会,她与薛景春在河边两次邂逅,互生好感,便山盟海誓私订婚约。但在媒妁之言、父母之命的封建婚姻礼教的束缚下,方大姐被迫嫁给白杨村"百万家财有金银"的财主杨敬文。最后,薛景春遭杨敬文痛打,双眼致残致瞎,落得个悲剧结局。

请把故事复述给同桌听。

读完故事梗概后,请你说说悲惨结局的根本原因。

我认为,根本原因是＿＿＿＿＿＿＿＿＿＿＿＿＿＿＿＿＿＿

3. 准备学唱

根据平时的观察和了解,在全班选出两位同学做小音乐教师。

这两位同学是:_____和_____

如果班上还有懂乐器的同学,我们请他(她)伴奏。伴奏的乐器是:
_____。我自己也会演奏_____(填写乐器名)。

4. 学唱乡歌

《白杨村山歌》演唱时一般由两人分上下手唱,上手叫"头歌",先领唱两句,下手叫"吊花"或"踏脚壳",跟上手重复唱一遍。山歌曲调高亢、嘹亮、气势豪迈,衬词繁多,声音悠长,唱时较费力,歌手均为男性。

请四个小组各推选一位男生代表,跟音频资料学一段《白杨村山歌》。之后比赛,请同学评出最具潜力山歌手。

评出的同学是:_____

5. 传承乡歌

《白杨村山歌》流传至现代,最有影响力的著名山歌手是朱炳良,人称他"山歌大王"。他出身贫苦,歌艺精湛,但不屈从地主势力,不愿做富人的百灵鸟卖命,不跟地主合作剥削穷苦人民,可谓德艺双馨,是一位民间的"贤人"。

而今,《白杨村山歌》的演唱传承已经后继乏人,像朱炳良那样的山歌手已经相继去世,能演唱奉贤传统山歌的老艺人也已经所剩不多了,而能完整演唱《白杨村山歌》的民歌手已经没有了。请想想,如何让《白杨村山歌》得到很好传承。

传承《白杨村山歌》,我们有金点子(请分条目写出来):_____
_____
_____

活动三　演唱乡歌

1. 演出目的

同学们,你知道我们为什么要精心准备本次演出吗?

为了体现班级风采,加强班级文化建设,充分展现班级团结进取、健康向上的精神风貌,推动良好班风的形成,为了展示班级文化特色,打造属于自己班级的品牌,展示班级风貌,塑造班级形象,同时也为了传承和发扬奉贤本土特色文化艺术——《白杨村山歌》的精髓,我们_____年级_____班的学生精心准备了本次演出,相信我们的精彩演出会让大家难以忘怀。

2. 整体思路

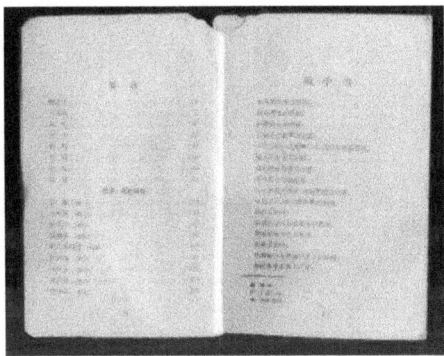

（1）本次演出学生自排自导自演,把学生的才艺与奉贤本土特色文化艺术——《白杨村山歌》有机结合,将演出成功地变成班级的品牌;

（2）通过演出前期的宣传,提高班级知名度,提升班级凝聚力;

（3）通过本次演山,让更多的人知道奉贤本土特色文化艺术——《白杨村山歌》,让这一部艺术精品继续传承下去。

同学们,为了更好地达成我们演出的目标,为了班级的荣誉,我们可以为本次演出作出哪些贡献呢?

为了本次演出,我可以这样做:_____

_____

3. 演出方案

（1）组织结构

本次演出中，除了我们本班的学生作为工作人员、演员和观众，我们还可以寻求谁的帮助，还可以邀请谁一起来观看我们的演出呢？

本次演出，我们可以寻求_____的帮助；本次演出，我们可以邀请_____前来观看。

（2）演出曲目

《白杨村山歌》全篇分："卖甜瓜""织手巾""汰手巾""姐渡河""嫁姐""讨妻""抬轿""哭嫁""送姐""寻姐""二次寻姐"等正歌和《杨村丫枝》中"采桑""采鲜桃""揭落苏""打窗棂""香油垫""男点药""捏面裹馄饨"共18个篇章。

在本次演出中，你最想表演的是哪一个篇章，为什么？

我最想表演的篇章是_____

理由是_____

（3）互动交流

为了使本次演出更加令人难以忘怀，在演出过程中我们可以安排些什么互动节目？

我们可以安排：_____

_____

（4）场地布置

为了更好烘托演出氛围，对演出当天教室及周围环境的布置，你有什么好的建议吗？

我建议：

教室外布置：（体现我们班级特色，有助于推广班级文化）

_____

教室内布置：（体现奉贤山歌特色，有助于推广奉贤文化）

_____

活动评价表

评价标准		自评	互评	师评
信息采集	浏览网上或书本资料,认真完成阅读任务。			
	活动准备有条不紊,能带齐活动所需物品。			
	收集有关资料,及时整理、归类、存放。			
发现探索	善于思考,能发现并解决活动中遇到的问题。			
	活动中有自己的创意,并与同学分享。			
	能积极主动帮助别人解决问题。			
合作态度	认真听从老师的安排。			
	积极与他人团结协作。			
完成作业	按时完成各类作业,且质量较高。			
	能积极参加活动评比,态度认真,获得好评。			

注:评价可以分为 A、B、C、D 四个等级,分别为:A 代表非常好;B 代表很好;C 代表较好;D 代表一般。互评要 3 位同学参评。

_____同学在这次综合实践活动中自己认为可以得到(　　　)个 A,同学认为他可以得到(　　　)个 A,老师认为他可以获得(　　　)个 A。

互评同学签名:_____、_____、_____

师评教师签名:_____

活动建议书

项目	具体建议
活动内容改进意见	
活动方法改进意见	
其他意见	

注:活动建议书由参与课程活动的同学本人填写。

综合活动二　奇秀乡剧

阅读任务

阅读《敬奉贤人,见贤思齐》读本上册第七章后,回答问题。

1. 选择题

下列对奉贤山歌剧表述不正确的一项是(　　　)

A. 奉贤山歌剧是由流行于民间的山歌发展演变而成的上海本土新剧种。

B. 奉贤山歌剧的历史渊源可以追溯到明朝嘉靖年间。

C. 奉贤山歌剧取材于上海本地的农村生活,也反映一些江苏的风土人情。

D. 清末民国初期成立的“山歌班”是奉贤山歌剧团的最早雏形。

2. 简答题

奉贤山歌剧曾经是上海地区的一个戏曲剧种,它主要流行于奉贤、金山、南汇三个县区,这个剧种是在奉贤民间山歌小调的基础上发展起来的。20世纪50年代以前,奉贤和周边乡间非常流行唱山歌,并且形成东乡山歌和西乡山歌两大体系,很受老百姓的欢迎。1962年正式成立了奉贤山歌剧团,先后排演了有地方特色的山歌剧大戏小戏数十出,其中《摸化轿》《搭船》《怎么谈不拢》等颇具特色,还移植了《江姐》《南海长城》等一批优秀剧目。山歌剧《江姐》曾经连续演了六场,场场满座,有的观众连看了几场,说“我俚听了亲切、过瘾”。

◇ 查阅资料,《江姐》中的女主人公是:＿＿＿＿＿＿＿

◇《江姐》的故事梗概是:＿＿＿＿＿＿＿＿＿＿＿＿＿＿＿＿＿＿＿＿＿＿

＿＿＿＿＿＿＿＿＿＿＿＿＿＿＿＿＿＿＿＿＿＿＿＿＿＿＿＿＿＿＿＿＿＿＿＿＿

活动一　**了解乡剧**

1. 追本溯源

乡剧山歌剧是在_____民间山歌小调的基础上发展起来的。20 世纪 50 年代以前,奉贤周边乡间非常流行唱山歌,并且形成东乡山歌和西乡山歌两大体系,很受老百姓的欢迎。山歌的开山祖是汉代_____。"山歌"亦称"车歌"(意为"踏车山歌"),叫"免心焦"。山歌手爱好一致,拼档搭配,不仅劳动时唱能解闷,在夏夜纳凉时唱以自娱,群众基础甚为深厚。

2. 戏曲分类

奉贤山歌剧按地区分,通常称"_____"和"_____"。在形式上可分大山歌和小山歌两种。前者在西乡流行,后者以东乡为主。历史上较有名的歌手有萧塘的_____(又名小保正),南桥的_____,齐贤的_____等。

3. 基本特征

(1) 节奏旋律。奉贤山歌剧节奏明快,旋律优美高亢,色彩鲜明,乡土气息浓郁,被誉为_____。

(2) 基本唱腔。奉贤山歌剧用_____演唱,曲调音区较高,色彩明亮,节奏明快,旋律优美高亢,有浓郁的乡土气息,在表现形式上采用以_____为主的载歌载舞与传统的_____、程式相结合的手法。奉贤山歌剧的基本唱腔以奉贤的"东乡山歌""西乡山歌"为主,吸收了上海地区其他民间音乐与民间说唱艺术发展而成,形成了_____调、_____调、_____调等民间曲牌与小调,山歌剧唱腔音域较宽,音调高亢,演员用民族与戏曲相结合的发声方法,有很强的原创表现力,成为上海农村特别是奉贤及邻近地区人们十分喜爱的剧种,在民间拥有深厚影响,其独特的艺术魅力使广大百姓拍手叫好。

（3）文学价值。奉贤山歌剧的魅力还体现在唱词的文学价值上。山歌剧吸收了民歌善于抒情、叙事的特点,在表现手法上大量运用借代、比兴、暗喻等技巧,使之生动、形象、朴实、鲜明。

如奉贤传统山歌《三十棵落苏搭特二十九棵》:"郎在插秧唱山歌,姐拉园里搭落苏,郎呀,侬要唱山歌到别搭去唱（为啥呀）,弄得我三十棵落苏搭脱仔二十九棵"就运用了_____手法,表现了_____。

又如山歌剧大戏《摸花轿》中"小小鲤鱼"唱段:小小鲤鱼上急滩,东海洋里回转来,跳过一滩又一滩,气急喘喘口难开……小小鲤鱼红红格腮,下水头游到上水头来,冲破九十九道青丝网,躲过九十九座钓鱼台,侬为啥勿管那水急风浪大? ——勿是为侬我不来!"就运用了_____手法,表现了_____。

_____。

4. 价值传承

尽管山歌剧《江姐》复排演出在奉贤掀起了一股山歌剧热潮,但目前山歌剧所面临的情况是不容乐观的。前辈山歌老艺人相继谢世,"双枪老太婆"等一批"铁杆"们均已步入古稀之年,民间山歌班基本上已不复存在,它的表演、演唱形式严重失传,大量民间山歌剧还需进一步挖掘整理,特别是山歌班与山歌剧研究人员更是青黄不接。

针对山歌剧面临的尴尬境遇,请你为山歌剧的传承出一个金点子,以帮助它摆脱困境。

我的点子:_____

我家长的点子:_____

活动二 学唱乡剧

1. 品味乡剧

奉贤山歌剧节奏明快,旋律优美高亢,色彩鲜明,乡土气息浓郁,被誉为上海民间艺术百花园中的一支奇葩。

山歌剧优美的旋律,经典的唱段在不同年龄段的观众中广泛传唱,如十几岁的娃娃们唱着《强盗的女儿》中,桂娃的唱段:"杜鹃杜鹃叫喳喳,今朝桂娃要回家,杜鹃杜鹃飞呀飞,飞到我爹爹的怀抱里。"女青年们唱着《江姐》中孙明霞的唱段:"祝侬像江上白帆啊乘风破浪,祝侬像山间青松傲雪凌霜……"

试比较奉贤山歌剧《江姐》与现代音乐剧《妈妈咪呀》(可从网上搜寻并将剧情图片临摹在下面的方框内)的异同之处。

语言:＿＿＿＿＿＿＿＿＿＿＿＿＿＿＿＿＿＿＿＿＿＿

故事情节:＿＿＿＿＿＿＿＿＿＿＿＿＿＿＿＿＿＿＿＿

表演形式:＿＿＿＿＿＿＿＿＿＿＿＿＿＿＿＿＿＿＿＿

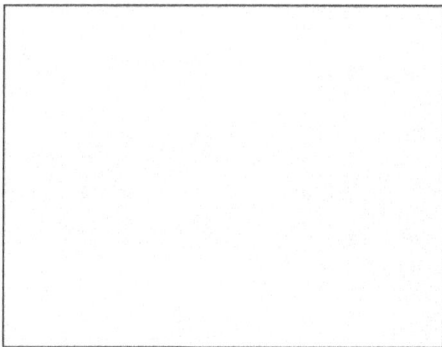

2. 学唱乡剧

山歌剧大戏《摸花轿》中"小小鲤鱼"唱段:"小小鲤鱼上急滩,东海洋里回转来,跳过一滩又一滩,气急喘喘口难开……小小鲤鱼红红格腮,下水头游到上水头来,冲破九十九道青丝网,躲过九十九座钓鱼台,侬为啥勿管那水急风浪大?——勿是为侬我不来!"

请四个小组各推选出一位女生代表,跟着网上提供的音频资料(自己上网搜寻)学唱以上的片段,练习动作姿态。之后比赛,请同学们点评(写出得分理由)并选出最具潜力的表演家。

姓名	演唱水平 (5分)	动作表演 (3分)	神情姿态 (2分)	总分 (10分)

比赛结束,＿＿＿＿＿＿＿＿同学是最具潜力的乡剧表演者。

3. 传承乡剧

1961年,奉贤山歌剧团排演的第一部小戏《梅娘与桃郎》引起轰动。从1962年至1966年,短短的四年里,有70多部山歌剧被搬上舞台。在漫长的岁月中,山歌剧先后受到样板戏的冲击以及改革开放后流行歌曲的"狙击",几经挫折,濒临灭迹。

为了继承和发扬奉贤山歌剧这朵民间艺术奇葩,南桥镇陆续在江海三小、北街居委、解放三居以及金港村等成立了山歌剧培训基地。

◎ 学习山歌剧

我去了＿＿＿＿＿＿＿的山歌剧培训基地,向＿＿＿＿＿＿＿老师学习了山歌剧＿＿＿＿＿＿＿

◎ 创作山歌剧

我和＿＿＿＿＿＿＿＿＿＿这些同学排演了一部新的山歌剧＿＿＿＿＿＿＿＿＿＿

内容是:＿＿＿＿＿＿＿＿＿＿＿＿＿＿＿＿＿＿＿＿＿＿＿＿＿＿＿＿＿＿

主旨是:＿＿＿＿＿＿＿＿＿＿＿＿＿＿＿＿＿＿＿＿＿＿＿＿＿＿＿＿＿＿

活动三 演唱乡剧

1. 活动目的

为了让学生感悟奉贤乡剧的独特魅力,增强学生对"贤文化"的归属感、自豪感,激发大家热爱家乡的思想感情。本次活动特提供展示学生风采的舞台,通过演唱乡剧的形式,进一步丰富校园文化生活,活跃班级氛围,增强学生集体荣誉感和合作精神,使同学们成为德、智、体、美、劳全面发展的合格人才。

我们_____年级_____班的学生精心准备了本次演出,相信我们的精彩演出会让大家难以忘怀。

2. 演出准备

本次演出以学生自排自导自演为主,把学生的才艺与奉贤本土特色文化艺术——奉贤山歌剧有机结合,将演出成功地变成班级的品牌。

(1) 通过演出前期的宣传,提高班级知名度,提升班级凝聚力

制定设计宣传栏的计划,全班分成若干小组,每个小组成员先说自己的特长,根据每个成员的特长进行分工,分工的过程可能需要协调,组长最后要明确每个成员的具体任务。将小组成员的具体任务填入下面的表格内。

编号	组长	组员	任务(填标题)
1			
2			
3			
4			
5			

（2）确定参加人员

本次演出中,除了我们本班的学生作为工作人员、演员和观众,我们还可以寻求谁的帮助,还可以邀请谁一起来观看我们的演出呢?

本次演出,我们可以寻求_____的帮助;本次演出,我们可以邀请__
_____作为观众前来观看。

（3）人员具体分工

拍照:一名,由_____同学担任。

摄像:两名,由_____、_____同学担任。

主持:两名,由_____、_____同学担任。

物品采购及物资准备:一名,由_____同学担任。

记者(负责记录和后期撰稿):一名,由_____同学担任。

3. 演出方案

（1）演出曲目

山歌剧大戏《摸花轿》中"小小鲤鱼"
唱段:

"小小鲤鱼上急滩,东海洋里回转来,跳过一滩又一滩,气急喘喘口难开……小小鲤鱼红红格腮,下水头游到上水头来,冲破九十道青丝网,躲过九十九座钓鱼台,侬为啥勿管那水急风浪大? ——勿是为侬我不来!"

山歌剧大戏《江姐》"红岩上红梅开,千里冰霜脚下踩……"优美的旋律,激越的歌声,让人激动不已。

在本次演出中,我最想表演的曲目是_____
理由是_____

（2）互动交流

为了使本次演出更加令人难以忘怀,在演出的过程中我们可以安排些什么互动节目?

_____

活动评价表

评价标准		自评	互评	师评
信息采集	浏览网上或书本资料,认真完成阅读任务。			
	活动准备有条不紊,能带齐活动所需物品。			
	收集有关资料,及时整理、归类、存放。			
发现探索	善于思考,能发现并解决活动中遇到的问题。			
	活动中有自己的创意,并与同学分享。			
	能积极主动帮助别人解决问题。			
合作态度	认真听从老师的安排。			
	积极与他人团结协作。			
完成作业	按时完成各类作业,且质量较高。			
	能积极参加活动评比,态度认真,获得好评。			

注:评价可以分为 A、B、C、D 四个等级,分别为:A 代表非常好;B 代表很好;C 代表较好;D 代表一般。互评要 3 位同学参评。

_____同学在这次综合实践活动中自己认为可以得到( )个 A,同学认为他可以得到( )个 A,老师认为他可以获得( )个 A。

互评同学签名:_____、_____、_____

师评教师签名:_____

活动建议书

项目	具体建议
活动内容改进意见	
活动方法改进意见	
其他意见	

注:活动建议书由参与课程活动的同学本人填写。

综合活动三　奇美乡戏

阅读任务

阅读《敬奉贤人,见贤思齐》读本上册第七章后,回答问题。

1. 选择题

下列对齐贤皮影戏表述不正确的一项是(　　)

A. 奉贤的皮影戏以齐贤皮影名气最响、影响最大、保存最好。

B. 奉贤齐贤的皮影戏据说是从浙江海宁一带流传过来的。

C. 皮影戏反映的大多是历史上的民族英雄、忠臣良将。它反映了当时人们的良好愿望。

D. 清末民国初期是皮影戏发展的鼎盛期,此时,皮影戏传到了奉贤地区。

2. 填空题

皮影以绘画为主,色彩十分艳丽,在灯光透视下十分新奇。每逢农历七月初二起至深秋初冬,是皮影戏演出活动的最佳时段。每当暮色降临,皮影演艺人员在已收割过的农田里支撑起一张1.8×1.10米左右的如银幕一样的"布靶子"(皮影表演时透视用的框架),各种皮影人物紧贴"布靶"面上,后面用汽油灯作光源(今用小太阳或日光灯),表演者用双手扯动牵引皮影人物的小竹条,边舞动边说唱,有时也手脚并用以增气氛,并配有二胡、笛子、唢呐及打击乐。艺人用淳朴的地方语言,惟妙惟肖的人物形象,兼容说唱打斗,十分精彩。

◇ 如果今年农历七月初二演出皮影戏,应该是公历的____月____日。

◇ 皮影戏中,艺人的打击乐是_____等乐器。

活动一 了解乡戏

1. 了解乡戏

乡戏皮影戏是我国出现最早的戏曲剧种,它起源于(　　　　　　)时期,到了
(　　　　　　)时期,皮影艺术发展到了鼎盛时期,在此时,皮影戏传到了奉贤。而
奉贤皮影又以(　　　　)地方的皮影名气最响、影响最大、保存最好。

(上面三张图片分别为皮影中的人物造型)
你能辨识出以上脸谱化的皮影人物吗? 大概在讲述什么故事? 各自代表着什
么文化内涵? 请四人一组讨论并简要作答:
　　(1)上左图的人物是_____,讲述了_____的故事。代表着____
_____文化内涵。
　　(2)上中图的人物是_____,讲述了_____的故事。代表着____
_____文化内涵。
　　(3)上右图的人物是_____,讲述了_____的故事。代表着____
_____文化内涵。

2. 皮影工艺

右图为艺人刻制皮影。皮影戏中的人物造型
都是平面的,叫做(　　　　　　),在奉贤叫做
(　　　　　　),通常用(　　　　)材质削薄刻制而
成,现在改用(　　　　　　)材料,经过(　　　)工

艺,用灯光映在幕布上,由皮影艺人一边操纵,一边演唱,后台四五个人负责配乐,演绎各种故事。

3. 皮影之美

也许你早已对皮影戏不陌生,结合上面四幅图,你是否对这种传统艺术产生了浓厚的兴趣?请你说说你所了解到的皮影艺术有哪些特点?

_____

_____

4. 齐贤皮影

说起齐贤皮影,必须要提到一位说书先生(　　　　)(人名),他将皮影从海宁派皮影戏学来,传入奉贤。他与两位裁缝师(　　　　)和(　　　　)(人名)携手合作,制作出最初的皮影人物道具,编写出演出剧本,使皮影这种古老的剧种在奉贤落地开花,结出硕果。

齐贤皮影现在被齐贤唐家班所继承,班主唐宝良,自17岁创班起到耄耋之年,一直醉心于皮影艺术。唐家班的皮影比别的地方要大些,有四五十(　　　　)(请选择:A、毫米 B、厘米 C、米)。你认为,这样的规制,优势有哪些?

我认为它的优势主要有 _____

唐家班皮影的念唱多采用本地方言,要求嗓亮音高,吐字清楚,唱腔以苏滩调为主,乐曲采用民间的山歌调、花园调、评戏调为主,糅合成唐家"皮影腔"。唐家皮影主要活跃在(　　　　)和(　　　　)等地。然而,历经近百年的沧桑,唐家班皮影也由盛而衰,濒临危机。拯救濒危文化遗产已迫在眉睫。幸运的是,政府已开始了抢救性保护。

请思考:在齐贤皮影的传承事迹中,你感悟到了什么?

_____

_____

活动二　**学演乡戏**

1. 乡戏特色

皮影戏在本地也称为囡头戏、影戏,源于浙江海宁一带,一般以 2 人操纵为主,另有 1 名副手(俗称翻箱子)专门为上手传递人物道具,乐队由"细乐"＿＿＿＿＿＿＿＿＿＿(填乐器名)和"粗乐"＿＿＿＿＿＿＿＿(填乐器名)组成,一人身兼一二件乐器,表演者手脚并用,加以乐队烘托,热闹非凡。

齐贤皮影戏的代表人物有＿＿＿＿＿＿＿＿＿＿＿＿＿＿＿＿＿＿＿＿＿

2. 传承乡戏

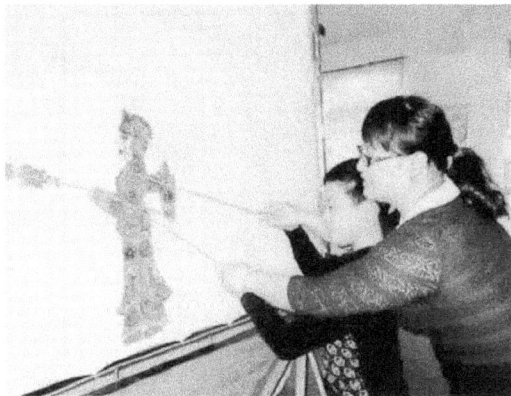

为挖掘、拯救、继承皮影戏艺术,扶持齐贤唐宝良皮影戏,2001 年奉贤文化局组建成立了上海市奉贤皮影戏艺术研究所,包括皮影戏艺术开发、研究、交流,皮影戏艺术品制作、展览、销售、创作、演出、培训等。研究所下设皮影戏演出团,演出团含两个演出班,一个是以唐宝良为班首的中老年演出队,主要演出传统皮影戏剧目,包括剧目有

《＿＿＿＿＿》《＿＿＿＿＿》《＿＿＿＿＿》《＿＿＿＿＿》,另一个是齐贤文化站业余演出队,整理创新的传统皮影戏剧目有《＿＿＿＿＿》《＿＿＿＿＿》。

为了使齐贤皮影戏能有更好的传承发展,齐贤文化站在齐贤小学组建了皮影戏兴趣小组,开始用普通话表演和演唱,编排的曲目有《＿＿＿＿＿》《＿＿＿＿＿》。

3. 学演乡戏

近几年,齐贤皮影戏在不断吸取其他地区皮影艺术精华的同时,也认真抓了自身的改革和创新,演出活动日趋频繁。为了能够更好地发扬我们奉贤本土艺术,让我们也参与到文化艺术的传播中去,去学一学皮影戏的表演吧!

(1) 学习:我去了_____(填演出团队或兴趣小组),向_____老师学习了皮影戏《_____》的表演。

该曲目讲述的是:_____

_____

该曲目中的人物造型特征有:_____

(2) 成长:我在学习操作皮影过程中遇到的困难有:_____

我是这样克服困难的:_____

我学到的操作技巧有:_____

(3) 体会:在学习的过程中,我对皮影戏有了更加深刻的认识,通过本次学习,我的感受是:_____

对皮影戏的推广和发扬,我的想法是:_____

_____

(4) 精彩一刻:请把你们学习过程中难忘的一幕展示给大家(用照片展示)。

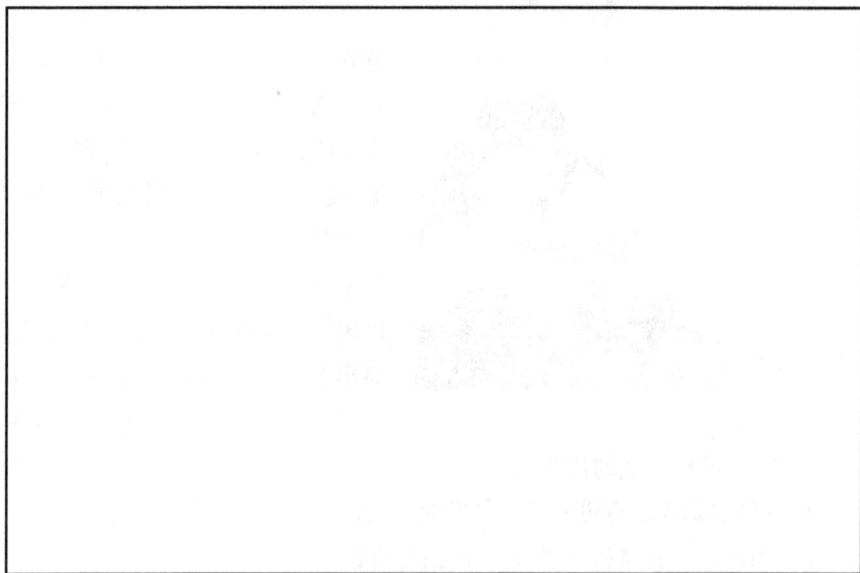

活动三　表演乡戏

1. 演出缘由

　　皮影戏所反映的大多为历史上的民族英雄,忠臣良将,它表达了当时人们的良好愿望,如齐贤唐家班经典保留剧目＿＿＿＿＿＿。因而,为传承民族英雄的正气之风,丰富同学们的文化生活,增强大家的民族凝聚力,特由＿＿＿＿＿＿学校＿＿年级＿＿班组织一场皮影戏的演出。

2. 演出准备

（1）有兴趣的同学出谋划策,确定参演的曲目及表演人员,设计宣传海报。

海报总设计者＿＿＿＿＿＿　　文案设计者＿＿＿＿＿＿

图片设计者＿＿＿＿＿＿　　　张贴人员＿＿＿＿＿＿

（2）班级同学踊跃支持,提供场地及服装等工作。

后勤工作人员是：＿＿＿＿＿＿＿＿＿＿＿＿＿＿＿＿＿＿

为了更好地达成演出目标,我们可以为本次演出作出哪些贡献呢?

本次演出中,我提供的帮助是：＿＿＿＿＿＿＿＿＿＿＿＿＿＿＿

＿＿＿＿＿＿＿＿＿＿＿＿＿＿＿＿＿＿＿＿＿＿＿＿＿＿＿＿＿

3. 演出方案

（1）参演人员

本次演出参与人员及任务分配

制片人＿＿＿＿　任务＿＿＿＿＿＿＿＿＿＿＿＿＿＿＿＿

导演＿＿＿＿　　任务＿＿＿＿＿＿＿＿＿＿＿＿＿＿＿＿

场务＿＿＿＿　　任务＿＿＿＿＿＿＿＿＿＿＿＿＿＿＿＿

主演_____ 任务_____

（2）演出曲目

本次演出的曲目是《薛丁山征西》

内容简介：唐贞观年间，薛仁贵征东有功，被封为平辽王。因与皇叔李道宗结怨，被陷害下狱。幸于危急之际，西凉哈迷国犯境，徐茂公推荐仁贵挂帅征战，逃过此劫。仁贵征西，误中圈套，被困锁阳城，为苏宝同飞刀所伤。太宗见出征不利，征召能人挂帅。丁山请缨，以无敌之势夺得帅印，与母亲及妹妹出发西征。途中遇窦家兄妹拦路，丁山为求脱身，假意答允窦仙童的婚约，并招揽旗下，同往解救父亲之危。仁贵获救脱险，但却不满丁山阵上招亲，将之锁入天牢，以示惩戒。

演员表：

唐太宗_____   薛仁贵_____   徐茂公_____

程咬金_____   苏宝同_____   薛丁山_____

柳迎春_____   薛金莲_____   窦一虎_____

窦仙童_____

4. 出演心得

在这次皮影戏的表演中，我承担的任务（角色）是_____，这次表演中我收获到了_____，

今后，为传承家乡文化，我会做到：

_____

_____

5. 观众反馈

演出结束后，现场采访观众。

您总体评价本次演出如何？_____

您最喜欢哪个角色？为什么呢？_____

请您对今后的演出提出宝贵的意见：_____

活动评价表

评价标准		自评	互评	师评
信息采集	浏览网上或书本资料,认真完成阅读任务。			
	活动准备有条不紊,能带齐活动所需物品。			
	收集有关资料,及时整理、归类、存放。			
发现探索	善于思考,能发现并解决活动中遇到的问题。			
	活动中有自己的创意,并与同学分享。			
	能积极主动帮助别人解决问题。			
合作态度	认真听从老师的安排。			
	积极与他人团结协作。			
完成作业	按时完成各类作业,且质量较高。			
	能积极参加活动评比,态度认真,获得好评。			

注:评价可以分为 A、B、C、D 四个等级,分别为:A 代表非常好;B 代表很好;C 代表较好;D 代表一般。互评要 3 位同学参评。

_____同学在这次综合实践活动中自己认为可以得到(　　　)个 A,同学认为他可以得到(　　　)个 A,老师认为他可以获得(　　　)个 A。

互评同学签名:_____、_____、_____

师评教师签名:_____

活动建议书

项目	具体建议
活动内容改进意见	
活动方法改进意见	
其他意见	

注:活动建议书由参与课程活动的同学本人填写。

主题活动四

公园花园农园　景趣景胜景业

【导语】

　　名园林是历史悠久,知名度高,体现传统造园艺术的园林。如果是历史名园,那是被核定为文物保护单位的园林;农园则是学生的学农基地,也叫农耕基地。

　　在奉贤这块沃土上,如明珠翡翠般撒落着古华公园、沈家花园、海湾国家森林公园等名园,它们都堪称经典之园林。这些有着不同建筑构思和建筑技艺的名园,凝聚了奉贤人民的聪明才智,显现了奉贤的历史渊源,积淀了奉贤特定的文化内涵,同时,也被赋予了珍贵的历史价值。这些名园是我们认识奉贤历史,传承奉贤特色文化的极好场所。农园基地虽不是名园,但其实践价值与名园相得益彰。

　　景趣、景胜、景业,就是在游览名园和在农园基地实践过程中,用眼去观察,用脑去思考,用心去体验自然或人文的精华,在观赏美妙景色和园林技艺的同时,亲身体验、积极悦读绿色生活,陶冶情操,传承文化。

综合活动一　游古华公园

阅读任务

阅读《敬奉贤人，见贤思齐》(初中版上)第三章的第一节:《古华公园》(第43~45页),回答以下问题。

1. 选择题

下列表述不正确的一项是(　　)

A. 古华公园始建于1984年,有着悠久的历史。

B. 古华公园虽始建于1984年,可由于公园的景致巧妙,使奉贤历史园林艺术之精妙,文化之底蕴得以充分地传承和再现,所以说,古华公园的历史悠久。

C. 古华公园西湖的北岸栽种了至少20种植物。

D. 古华公园内桥梁众多,材质不同,形态各异,至少有10座桥名能在清光绪《重修奉贤县志》上查到。

2. 填空题

A. 古华公园内的_____是一个典雅的赏景点和休憩处。

B. 古华公园内有一座桥,桥名是_____,别名是_____

C. 古华公园内展现言子(孔子的弟子)到奉贤传播圣贤之道典故的是公园南大门迎面而立大照壁后的_____

D. 古华公园三女冈景区三女祠内,被人们凭吊的吴王夫差的三位公主,恐被俘受辱而被活葬于_____

3. 摘抄题

《古华公园》中,我最喜欢的语句是:

_____

_____

活动一　**游园准备**

1. 物品准备

游园是一件很有趣的事情,要准备些什么物品呢?

(提示:先想一想,哪些是必需品,如背包、饮用水、食品、手帕等;哪些是在公园内对自己特别需要的,如喜欢摄影就要携带相机,喜欢画画就要携带画笔和画板等)

◇ 我准备携带的物品是:＿＿＿＿＿＿＿＿＿＿＿＿＿＿＿＿＿＿

2. 思考问题

今天的游园不光是游,还有思的任务,思考什么呢?

(提示:比较大一点的问题思考:古华公园的园容园貌怎么样,是不是和《敬奉贤人,见贤思齐》读本中介绍的一样美呢? 比较小一点的思考:读本中说古华公园内的桥很美,我们该去观赏桥的什么美呢)

◇ 我思考的问题是:＿＿＿＿＿＿＿＿＿＿＿＿＿＿＿＿

◇ 我最想去欣赏读本中描写的景物是:＿＿＿＿＿＿＿＿＿＿＿＿

3. 开知识窗

查阅一些相关的信息,按照范例,做成知识窗。

范例:"言子"知识窗　　　　　　　＿＿＿＿＿知识窗

知识窗	知识窗
言子(前506~前443年),名偃,字子游,又称叔氏,常熟人。春秋时孔子三千弟子中唯一的南方人。后人所以称他为"言子",是出于对他的尊敬。	

4. 活动方式

本次游园是一次团体活动,一个班可以分成若干个小组,怎样分组呢?是按学习小组分组,还是按照兴趣相同分组,或是按照其他的方法分组呢?我的想法是:

◇ 如果按学习小组分组,好处是:＿＿＿＿＿＿＿＿＿＿＿＿＿＿＿＿＿＿

◇ 如果按兴趣相同分组,好处是:＿＿＿＿＿＿＿＿＿＿＿＿＿＿＿＿＿＿

◇ 如果按其他方法分组,方法及好处是:＿＿＿＿＿＿＿＿＿＿＿＿＿＿＿

5. 游园指南

公园是为了补偿人们与大自然环境相对隔离而人为创设的"第二自然"。它们虽不能提供人们维持生命活力的物质,但在一定程度上能够代替大自然环境来满足人们在生理和心理方面的各种需求。随着社会的不断发展、文明的不断进步,人们的这些需求势必相应地从单一到多样、从简单到繁复、从低级到高级,这就给游园活动增加了更多的探索空间。现在,请你邀请几个有共同兴趣的同学,制定一份兴趣(比如:对贤文化感兴趣;对石桥感兴趣;对植物感兴趣等)游园指南图。

◇ 我在园林方面的兴趣是对＿＿＿＿＿＿＿＿＿感兴趣。

◇ 我的游园指南是:

(提示:写游园指南前要先认真仔细地阅读《敬奉贤人,见贤思齐》读本中的《古华公园》篇,再以"古华公园"为关键词在网上查阅古华公园的相关资料,看看自己感兴趣的东西在公园里是怎样分布的,然后画出游园的指南图)

兴趣游园指南图

活动二　游览公园

1. 确定方向

在右边古华公园游览示意图的上下左右标示东西南北方向。

2. 确认景观

下图是古华公园南大门处的一处景观,它的名字应该是:＿＿＿＿＿＿,这个景观与＿＿＿＿＿＿＿＿的典故有关。

3. 观察游人

除了本校的学生外,还有哪些游人在园内游览? 游人最多的景点是哪里? 为什么这个景点的游人最多呢?

＿＿＿＿＿＿＿＿＿＿＿＿＿＿

＿＿＿＿＿＿＿＿＿＿＿＿＿＿

＿＿＿＿＿＿＿＿＿＿＿＿＿＿

4. 观察行为

文明游园是对游人的基本要求,游人中有哪些文明(或不文明)的游园行为呢? 文明(或不文明)的行为,哪类人占多数?

◇ 按性别分:＿＿＿＿＿＿;按年龄分:＿＿＿＿＿＿

◇ 文明(或不文明)的行为主要表现为:＿＿＿＿＿＿＿＿＿＿＿

5. 观察水面

公园内有许多的湖泊和溪流,在确保自己和其他同学绝对安全的前提下,观察水面是否清洁。

◇ 是否有垃圾(如有,属于什么垃圾):＿＿＿＿＿＿＿＿＿＿＿＿

◇ 是否能看清水底(如能,可以看到多深):＿＿＿＿＿＿＿＿＿＿

6. 瑰丽景色

◇ 我觉得古华公园内最瑰丽的景色是:＿＿＿＿＿＿＿＿＿＿

◇ 我的理由是:＿＿＿＿＿＿＿＿＿＿＿＿＿＿＿＿＿＿＿

7. 石桥写生

公园内有 22 座石桥,把你最喜欢的桥画在下面的方框内,写出桥名。

范例:王拱桥

桥名:＿＿＿＿＿＿

8. 迈步石桥

《敬奉贤人,见贤思齐》读本说:"而今迈步在这些桥上,让我们深深感受到历史的沉淀,联想到往事的沧桑。"

◇ 我迈步在石桥上联想到的是:

＿＿＿＿＿＿＿＿＿＿＿＿＿＿＿＿

＿＿＿＿＿＿＿＿＿＿＿＿＿＿＿＿

＿＿＿＿＿＿＿＿＿＿＿＿＿＿＿＿

＿＿＿＿＿＿＿＿＿＿＿＿＿＿＿＿

> **知识窗**
>
> **沧桑**
>
> 沧海桑田,中国成语。大海变成了种桑树的田地,种桑树的田地变成了大海。比喻自然界变化很大或世事多变,人生无常;或喻世事变化的巨大迅速——略称沧桑。

活动三　**游园归来**

1. 本组优秀作品

用 100 字左右的篇幅,在下面的横线处描写古华公园内最瑰丽的景色。请小组长主持全组同学交流,然后请语文老师评出本小组最优秀的作品。

◇ 我的作品如下:

_____

_____

_____

_____

◇ 本小组最优秀的作品是_____同学写的作品。

2. 七桥问题

古华公园有 22 座石桥,按"七桥问题"的要求,你一次最多能走过几座桥?

◇我的设计在下面的方框内。

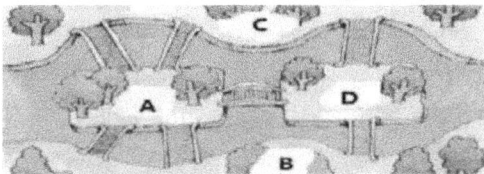

知识窗

七桥问题

18 世纪著名古典数学问题之一。在哥尼斯堡的一个公园里,有七座桥将普雷格尔河中两个岛(A、D)及岛与河岸(B、C)连接起来(如左上图)。问是否可能从这四块陆地中的任意一块出发,恰好通过每座桥一次,再回到起点?

3. 环保建议

游园中我已经观察过有些游人的文明(或不文明)行为,这些问题说到底还是对

环境保护的态度问题,所以,我提出如下环保建议:

_____

_____

4. 递交建议

我们小组由_____同学整理本小组的环保建议,交给学习委员。学习委员整理全班的环保建议后,由班长请学校后勤处打印后,建议班主任指派两位同学联系古华公园的工作人员,经其同意后,张贴在古华公园的几个入口处。

◇ 如果是我去的话,我联系古华公园工作人员时,我将要做的事情是:

_____

_____

5. 本班优秀作品

由班长组织全班同学欣赏各组选出的描写古华公园最瑰丽景色的文字作品,最后投票选出全班最佳作品。它是_____同学的作品。

◇ 对这篇作品,我的点评是:

_____

_____

6. 评比画桥作品

在组长组织小组成员评选出本组最佳画作的基础上,由班长组织全班同学投票选出全班最佳作品。班长邀请美术老师选出最好的画作。

◇ 小组选出的最好的是_____同学的画作。

◇ 全班选出的最好的是_____同学的画作。

◇ 美术老师选出的最好的是_____同学的画作。

评比要求	◇ 我对自己作品的评价:
从构图、形态、色彩的整体表达及画面中各构成要素的把握等几个方面评比。	_____ _____ _____ _____

活动评价表

评价标准		自评	互评	师评
信息采集	浏览网上或书本资料,认真完成阅读任务。			
	活动准备有条不紊,能带齐活动所需物品。			
	收集有关资料,及时整理、归类、存放。			
发现探索	善于思考,能发现并解决活动中遇到的问题。			
	活动中有自己的创意,并与同学分享。			
	能积极主动帮助别人解决问题。			
合作态度	认真听从老师的安排。			
	积极与他人团结协作。			
完成作业	按时完成各类作业,且质量较高。			
	能积极参加活动评比,态度认真,获得好评。			

注:评价可以分为 A、B、C、D 四个等级,分别为:A 代表非常好;B 代表很好;C 代表较好;D 代表一般。互评要 3 位同学参评。

_____同学在这次综合实践活动中自己认为可以得到(　　)个 A,同学认为他可以得到(　　)个 A,老师认为他可以获得(　　)个 A。

互评同学签名:_____、_____、_____

师评教师签名:_____

活动建议书

项目	具体建议
活动内容改进意见	
活动方法改进意见	
其他意见	

注:活动建议书由参与课程活动的同学本人填写。

综合活动二　游沈家花园

阅读任务

阅读《敬奉贤人，见贤思齐》（初中版上）第三章的第二节：《沈家花园》（第46~47页），回答以下问题。

1. 选择题

下列表述不正确的一项是（　　）

A. 沈家花园是历史名园。

B. 沈家花园是南桥镇上首屈一指的宅第花园，20世纪20年代建成，属于沈梦莲的私人别墅。

C. 沈家花园1956年是奉贤县委、县政府的办公地。

D. 沈家花园历经80多年的风风雨雨，园内的雪松、香樟、五针松、龙爪槐、红枫、白玉兰、橘子、核桃等30余种树木都沐浴了这些风雨。

2. 填空题

A. 沈家花园内的部分房屋在＿＿＿＿＿＿期间被日机炸毁。

B. 沈家花园位于：＿＿＿＿＿＿＿＿＿＿＿＿＿＿＿＿＿＿

C. 沈家花园内有西式四层＿＿＿一栋，上为居住用房，下为舞宴大厅，三楼两侧均有阳台、亭子。另有花房、祠堂等＿＿＿＿＿

D. 沈家花园是一个庭院深深、绿树成荫、花香四溢的花园，也是见证了日军侵华及＿＿＿＿的花园。

3. 摘抄题

《沈家花园》中，我最喜欢的语句是：

＿＿＿＿＿＿＿＿＿＿＿＿＿＿＿＿＿＿＿＿＿＿＿＿＿＿＿＿＿＿＿＿＿＿

＿＿＿＿＿＿＿＿＿＿＿＿＿＿＿＿＿＿＿＿＿＿＿＿＿＿＿＿＿＿＿＿＿＿

活动一 游园准备

1. 物品准备

游园过程中有各种丰富的活动,我们要准备些什么物品呢?

(提示:如在活动过程中要对区人大代表或区政协委员进行采访,在活动结束后要进行摄影作品评选,请根据活动内容安排准备相关物品)

◇ 我准备携带的物品是:＿＿＿＿＿＿＿＿＿＿＿＿＿＿＿＿＿＿＿

2. 思考问题

今天的游园地点也是区人大、区政协办公地点,请问你对人大、政协知道多少?

(提示:可以询问家长、老师,也可以借助网络平台进行查询)

◇ 什么是人大:＿＿＿＿＿＿＿＿＿＿＿＿＿＿＿＿＿＿＿＿＿＿＿

人大的职责是什么:＿＿＿＿＿＿＿＿＿＿＿＿＿＿＿＿＿＿＿＿＿

◇ 什么是政协:＿＿＿＿＿＿＿＿＿＿＿＿＿＿＿＿＿＿＿＿＿＿＿

政协的职责是什么:＿＿＿＿＿＿＿＿＿＿＿＿＿＿＿＿＿＿＿＿＿

3. 开知识窗

查阅一些相关的信息,按照范例,做成"中国人民政治协商会议"知识窗。

范例:"人民代表大会"知识窗　　　　"中国人民政治协商会议"知识窗

知识窗	知识窗
人民代表大会 　　人民代表大会(简称人大、人代会),《中华人民共和国宪法》规定,全国人民代表大会是中华人民共和国最高权力机关。它的常设机关是全国人民代表大会常务委员会。	

4. 小记者站

亲爱的同学,作为年轻的一代,你关心的社会热点是什么? 本次活动你们有机会采访部分区人大代表、区政协委员,请你根据自己关心的热点,对本次采访准备几个问题。我关心的社会热点是: _____

我准备的问题是:

◇ _____

◇ _____

◇ _____

5. 游园指南

沈家花园 2004 年已经被列入区级文物保护单位,其历史地位及人文价值不容置疑,它同时也是现今区人大、区政协办公地点,这就给我们游园参观活动提出了更多的要求,既要能够全面了解沈家花园的全景全貌,又能与区人大代表、区政协委员零距离接触。现在,请你邀请几个有共同兴趣的同学,制定一份兴趣(比如:对近代建筑感兴趣;对植物感兴趣;对社会热点感兴趣等)游园指南图。

◇ 我在游园方面的兴趣是对 _____感兴趣。

◇ 我的游园指南是:

(提示:如写游园指南前要先认真仔细地阅读《敬奉贤人,见贤思齐》读本中的《沈家花园》篇,再以"沈家花园　奉贤"为关键词在网上查阅沈家花园的相关资料,看看自己感兴趣的东西在沈家花园是怎样分布的,然后画出游园的指南图)

```
                        兴趣游园指南图




```

97

活动二 游览花园

1. 确认景观

下图是沈家花园的主楼,顶层曾经在抗日战争期间被_____所焚。现在主要是用来_____

2. 观察花卉

园内植有不少花草树木,近 30 余种树木和 60 余种花卉,你能辨认出几种呢?

_____

_____

3. 建筑位置

2002 年 3 月,区议会中心建成后,区委区政府迁往新址。沈家花园大院内设有区政协、区人大常委会、区档案馆等机构。你能找到它们的地理位置吗?(填方向)

◇ 区政协位于沈家花园的_____方向。

◇ 区人大常委会位于沈家花园的_____方向。

◇ 区档案馆位于沈家花园的_____方向。

4. 观察建筑

沈家花园历经八十余年的风风雨雨,至今保持完整,反映了上海及本区地域建筑的历史文化特点,其建筑工艺和工程特点也颇具历史特色。

请你找到右图中的建筑,描述此建筑物的特点。(请选择正确的选项)

　◇ 外观:_____(西式/中式)

　◇ 房顶:_____(封闭/敞开)

　◇ 门窗:_____(木制/铁制)

5. 采访笔记

根据先前的准备,我的采访笔记如下:

　◇ 我们的采访对象是:_____

　◇ 我们采访的问题是:_____

　◇ 被采访人谈话的要点是:

　① _____

　② _____

6. 花园掠影

在这个庭院幽深、绿树成荫、花香四溢的大花园里,你一定为此心醉吧。内心是否蠢蠢欲动,欲将美景拍下来,在你的成长记录中留下一段美丽的记忆呢?拿出你的相机,将这抹美丽留下吧。如果你的照片能打印出来,就贴在下面的方框内。

7. 养护观察

在观赏沈家花园的过程中,我也观察了沈家花园的养护情况,这是为我提出养护建议做准备。现将我的养护观察记录如下:

_____

_____

_____

_____

活动三 游园归来

1. 撰写导游词

（提示：导游词的宗旨是通过对旅游景观绘声绘色地讲解、指点、评说，帮助旅游者欣赏景观，以达到游览的最佳效果；向游客介绍有关旅游胜地的历史典故、地理风貌、风土人情、传说故事、民族习俗、古迹名胜、风景特色，使游客增长知识；导游词的语言应具有言之有理、有物、有情、有神等特点。通过语言艺术和技巧，给游客勾画出一幅幅立体的图画，构成生动的视觉形象，把旅游者引入一种特定的意境，从而达到陶冶情操的目的）

用100字左右的篇幅，在下面的横线处为沈家花园内最引人驻足的一处景观写一段导游词。请以小组为单位，推荐本组最优秀作品，在班级交流，然后请语文老师评出最优秀的作品。

◇ 我的作品如下：

_____

_____

_____

_____

◇ 本小组最优秀的作品是_____同学的作品。

2. 养护建议

沈家花园是奉贤区唯一保存完整的花园洋房建筑，是南桥镇上首屈一指的宅第花园，历经八十余年风雨。身为奉贤人，如何养护此处区级文物，根据观察记录，请你献上一策。

◇ 我的建议如下：

_____

_____

_____

_____

3. 递交建议书

我们小组由_____同学整理本小组的养护建议,交给班长。班长整理全班的养护建议后,派出两名同学联系沈家花园管理人员,递交我们的养护建议。

◇ 我作为代表,要让管理人员采纳我们的养护建议,我将要做的事情是:

_____

_____

4. 评比导游词

由班长组织全班同学欣赏各组选出的沈家花园某处景点的导游词,以无记名投票方式选出全班最佳作品。它是_____同学的作品。

◇ 对这篇作品,我的点评是:

_____

_____

5. 评比摄影作品

在组长组织小组成员评选出本组最佳摄影作品的基础上,由班长组织全班同学投票选出全班最佳作品。班长邀请美术老师选出最好的摄影图片。

◇ 小组选出的最好的是_____同学的图片。

◇ 全班选出的最好的是_____同学的图片。

◇ 美术老师选出的最好的是_____同学的图片。

◇ 我对自己作品的评价:

_____

_____

6. 我的思考

◇ 参观沈家花园后,我觉得人大与政协的区别是:

_____

◇ 右边的图案是政协的标识,请在图案的适当位置填入"中国人民政治协商会议"的字样。

活动评价表

评价标准		自评	互评	师评
信息采集	浏览网上或书本资料,认真完成阅读任务。			
	活动准备有条不紊,能带齐活动所需物品。			
	收集有关资料,及时整理、归类、存放。			
发现探索	善于思考,能发现并解决活动中遇到的问题。			
	活动中有自己的创意,并与同学分享。			
	能积极主动帮助别人解决问题。			
合作态度	认真听从老师的安排。			
	积极与他人团结协作。			
完成作业	按时完成各类作业,且质量较高。			
	能积极参加活动评比,态度认真,获得好评。			

注:评价可以分为 A、B、C、D 四个等级,分别为:A 代表非常好;B 代表很好;C 代表较好;D 代表一般。互评要 3 位同学参评。

_____同学在这次综合实践活动中自己认为可以得到(   )个 A,同学认为他可以得到(   )个 A,老师认为他可以获得(   )个 A。

互评同学签名:_____、_____、_____

师评教师签名:_____

活动建议书

项目	具体建议
活动内容改进意见	
活动方法改进意见	
其他意见	

注:活动建议书由参与课程活动的同学本人填写。

综合活动三　农基地实践

实践任务

1. 活动目的

（1）了解中国传统农园文化和发展脉络，以及老一辈农垦人的艰苦创业精神。

（2）在农田中和自然景色中感受和谐绿色，在新农村实践中体验、悦读绿色生活，感受田园都市所带来的变化。

（3）在农园实践中培育团结合作的意识，树立集体主义观念。

2. 活动内容

	上午	下午	晚上
第一天	入营仪式、内务整理	考察农垦博物馆	入营守则教育
第二天	劳动（翻地）	劳动（种植、采摘）	联欢会
第三天	农运会	结营式、返校	
若下雨天（备选活动）：以室内为主，果树嫁接、搓草绳、农艺讲座、农艺知识竞赛等			

3. 农园基地介绍

本次农园基地实践在上海健生教育活动中心。该中心占地面积 250 亩，绿地覆盖率 35%，毗邻上海农垦博物馆、国家海湾森林公园、上海滨海古园"英烈苑"、上海都市菜园和上海星火开发区。东临临港新城"滴水湖""上海鲜花港"，西靠"碧海金沙"黄金海岸旅游区。教育活动中心建筑面积 9400 平方米，具备 1000 名学生、54 名教师的住宿条件，以及可同时容纳 600 人就餐和 250 人淋浴等完善的生活设施，并设有"农园知识区""农园展示区""农园实践区""农艺知识讲堂"和 90 亩的桔园、桃园及 100 余亩的农田等各种学农实践活动园地，为学生开展学农劳动、科普知识、国防、法制、安全等教育提供了丰富多彩的内容。

地址：奉贤区五四农场五四支路 888 号　电话/传真：57160295

学农准备

1. 查找资料

远郊的学农活动对我们来说是新奇的,你也许会迫不及待地想了解去农园基地学农的一些信息吧。比如,气候与气温,农园基地的环境条件怎么样……你可以借助一定的途径来了解。

(1) 我打算选择下列途径:(　　)

(A) 网络资源。 (B) 向他人询问。如果是,你准备向_____(有过相关经历的老师、父母、亲戚朋友、学长等)咨询。

(2) 我希望了解的问题是:

_____

2. 活动目标

这次学农活动,我们希望自己有所收获。通过几天的学农体验,我希望获得:

(1) 相关学农知识:_____

(2) 相关学农技能:_____

(3) 离家在外,我渴望克服自身_____(例如依赖性严重、懒散、不能考虑到他人感受等)的缺点,成长为一个_____(例如独立自主、有团结意识、顾大局等)的少年。

3. 物品准备

参照学校学农社会实践通知单的提示,我需要准备生活必需品,清单如下:

_____

4. 活动分组

为了提高大家的劳动积极性,劳动时需要把班集体分成若干个小组,该怎样分组呢? 是按学习小组分组,还是按照兴趣相同分组,或是按照其他的方法分组呢?

我的想法是：
  ◇ 如果按学习小组分组,好处是：_____
  ◇ 如果按兴趣相同分组,好处是：_____
  ◇ 如果按其他方法分组,方法及好处是：_____
_____

5. 小贴士

五四农垦基地有很多丰富多彩的学农活动,根据活动安排,届时我们将参与一些农业劳动,请你想想有哪些劳动安全问题需要注意? 请你查阅相关知识,做成劳动安全小贴士。

劳动安全小贴士

6. 文娱活动准备

五四农场农垦活动虽以体力劳动为主,但我们也要懂得调剂生活,在体力劳动之余,让我们的生活不乏乐趣。为此,我准备了一个拿手节目要和大家分享,愉悦我们的身心：

（1）我准备采用以下活动方式（   ）

（A）猜谜语   （B）诗朗诵
（C）脑筋急转弯   （D）一首嘹亮的励志歌曲
（E）一段优美的舞蹈 （F）一个趣味小游戏
（G）一个小魔术   （H）其他：_____

（2）我的节目是：_____

活动二　**农耕体验**

1. 确定地址

目的地为：上海海湾国家森林公园北侧，奉贤区五四农场五四支路 888 号。

2. 确认景观

进入农耕基地的第一处景观，它的名称是：_____，这个景观一共介绍了_____种作物。

3. 文明就餐

农耕基地对同学就餐的要求是：_____

_____

基地的就餐环境和学校有什么不同：_____

_____

4. 文明宿舍

学农活动中基地对同学的宿舍有基本要求，同学在宿舍里有哪些文明（或不文明）的行为呢？

文明的行为主要表现为：_____

不文明的行为主要表现为：_____

5. 参观展馆

农垦博物馆（左图）三个分馆的主题分别是：

_____

_____

_____

6. 展馆美景

我最喜欢的农垦博物馆内的景色是：_____

我参观农垦博物馆后的收获是：_____

_____

7. 田间采摘

采摘活动中我认识的作物有：_____

采摘过程中要注意的事项是：_____

_____

8. 翻地种菜

翻地种菜活动所用的劳动工具有：_____

拿锄头要注意哪些细节：_____

种菜过程中如何保证自己的小组做得又快又好：_____

_____

9. 田间联想

《悯农》诗中有云："锄禾日当午,汗滴禾下土。谁知盘中餐,粒粒皆辛苦。"

我漫步在田间联想到的是：_____

_____

_____

10. 素描

以农耕基地为背景,在右边的方格内画一幅"阡陌交通"为题的素描画。
(提示:注意"阡陌"和"交通"的意思)

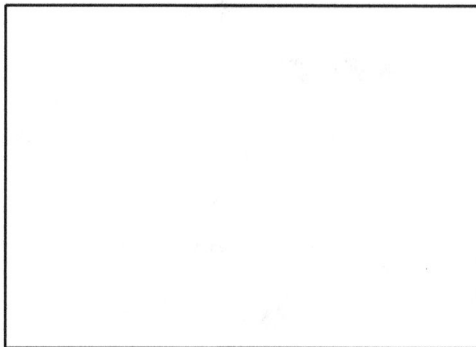

活动三　学农归来

1. 学农手抄报

五月末,七年级的同学们积极响应学校号召,走进农场,开始了快乐的学农生活,请你根据在农场的所见所思设计一份手抄报。请从你的手抄报中选择一个课外小知识介绍给大家。

◇ 我的设计简案在下面的方框内。

整体设计(文字与图片的安排)

主要内容

2. 赞美彼此

回顾学农经过,你认为自己的表现怎么样呢? 写一件小事夸夸自己。

◇ 我在学农中展现了_____的优秀品质。

◇ 具体事情是:_____

_____

◇ 我觉得自己的表现不够好，_____同学在_____方面做得比我好。

从这位同学的事迹中，我学到了：

_____

3. 团队合作战果

在三天的学农活动中，有"文明宿舍""文明就餐""优秀组织奖"这三项评比，你们班（小队）获得了哪些奖项呢？与大家分享一下你们的经验吧。（若没有战果，总结失败的原因）

我们班（小队）获得了_____的奖项。（没有奖项，填"无"）

◇ 成功的经验/失败的反思是：

_____

4. 悦读绿色生活

用 100 字左右的篇幅，说说你在这次学农中的感想。

◇ 我的感想：

_____

_____

_____

◇ 与之前对比，学农归来后，你在生活习惯、饮食生活上有什么变化吗？

以漫画的方式，画出你的变化。

学农后

学农前

活动评价表

评价标准		自评	互评	师评
信息采集	浏览网上或书本资料,认真完成阅读任务。			
	活动准备有条不紊,能带齐活动所需物品。			
	收集有关资料,及时整理、归类、存放。			
发现探索	善于思考,能发现并解决活动中遇到的问题。			
	活动中有自己的创意,并与同学分享。			
	能积极主动帮助别人解决问题。			
合作态度	认真听从老师的安排。			
	积极与他人团结协作。			
完成作业	按时完成各类作业,且质量较高。			
	能积极参加活动评比,态度认真,获得好评。			

注:评价可以分为 A、B、C、D 四个等级,分别为:A 代表非常好;B 代表很好;C 代表较好;D 代表一般。互评要 3 位同学参评。

_____同学在这次综合实践活动中自己认为可以得到(　　　)个 A,同学认为他可以得到(　　　)个 A,老师认为他可以获得(　　　)个 A。

互评同学签名:_____、_____、_____

师评教师签名:_____

活动建议书

项目	具体建议
活动内容改进意见	
活动方法改进意见	
其他意见	

注:活动建议书由参与课程活动的同学本人填写。

主题活动五

新村新城新区　传世传芳传奇

【导语】

这几年,凡是到过位于上海奉贤区南桥镇杨王村的人,都会说杨王村彻底变了,杨王村变得漂亮了,杨王村人变富了,从人均负债 1.31 万元的全区最穷的村,一跃成为全市闻名的富村、强村。近年来,杨王村先后被评为全国民主法制示范村、中国十佳小康村、中国特色村、市"五好"村党支部等。

南桥镇的变化表现真多。在百姓居住环境方面,南桥已完成对所有居民楼的"平改坡";将天然气通到了 4 万多户居民家中;近 5 年已投入 4500 万元整治了大小黑臭河道;全面启动了农村生活污水处理工程;全镇 17 个村都陆续兴建"农家会所",让村民读书、看戏、喝茶、聊天等有个好去处。

奉贤区最新的项目是奉贤变化的标志:一是奉贤南桥新城"上海之鱼"项目,完成后,一条曼妙、灵动的"金鱼"即将跃出水面,成为上海南翼一道靓丽的城市风景线。二是立体路网四通八达。轨交 5 号线与通往青浦的 17 号线同时建成通车。三是"一桥飞架南北",沟通浦南运河两岸,有效缓解道路拥堵问题。

综合活动一　传世新村

阅读任务

进入网页：http://www.yangwang.sh.cn

首页　走近杨王　新闻动态　三务公开　企业交流　对外合作　留言板　站内搜索

1. 选择阅读

从新闻动态栏目中选一篇反映杨王村新气象的新闻报道，阅读后答题。

A. 我阅读的文章题目是：＿＿＿＿＿＿＿＿＿＿＿＿＿＿＿＿＿＿＿＿＿

B. 文章的主要内容是：＿＿＿＿＿＿＿＿＿＿＿＿＿＿＿＿＿＿＿＿＿＿

C. 文章反映的变化是：＿＿＿＿＿＿＿＿＿＿＿＿＿＿＿＿＿＿＿＿＿＿

D. 我的感想是：＿＿＿＿＿＿＿＿＿＿＿＿＿＿＿＿＿＿＿＿＿＿＿＿＿

2. 杨王村的"新"

杨王村的"新"，体现在新产业、新设施、新农民、新环境、新风尚五个方面。上海市市长曾经向杨王村班子成员频频提问，"村民就业情况如何？""社会保障怎么样？""对加强社会管理和村民自治有什么好点子？"同时提出："新农村建设或者城乡一体化从你杨王村的角度，怎么走这条路，怎么在一系列的政策上更有利于城乡一体化，你们从一个村逐步变成一个城市化城镇化地区，在管理上、集体经济资产的处置上，在社区的管理上、在开发上面，你们再考虑考虑，可能和这个东西能结合得更好，或者给我们提供一些新的经验，我们在处理其他一些问题上能吸取你们的一些经验，总结你们的经验。"

活动一　**认识新村**

1. 新村新精神

这几年,凡是到过位于奉贤区南桥镇杨王村的人,都会说杨王村彻底变了,杨王村变得漂亮了,杨王村人变富了。杨王村充分运用本村的区域地理优势和资源优势,走出一条工业特强,多业并举的产业发展之路,使原本贫穷积弱的穷村一跃成为全市闻名的富村、强村。

你知道杨王村的村训是什么呢?

_____　_____　_____　_____(四个词语)

精神状态:_____务实作风:_____时代风范:_____

2. 新村新建设

2014 年 4 月 25 日,市委副书记、市长杨雄等一行沿途察看经济园区、杨王苑,并观看了杨王村的宣传短片。宣传片从农业产业板块、先进制造业板块、现代服务业板块和农村新型社区板块等四大板块构筑了杨王村未来发展愿景。杨雄市长要求杨王村保持典型,发挥优势,为全市城乡一体化创造新经验。

杨王村里入住了许多家企业,有上海德朗能动力电池有限公司、上海永铭电子有限公司、_____、_____、上海超日太阳能科技股份有限公司等。

杨王村千方百计确保农民增收,实现共同富裕。杨王村坚持以农业为基础,工业为支柱,因地制宜发展三产,产业联动,科学发展,通过产业的联动发展,使村民基本做到了人人有岗位、人人有事做、人人有收入。

杨王村村民在农业上有很多的收益,他们发展黄桃、花卉、蔬菜等。玉穗绿苑,又称葡萄园,是农业与娱乐相结合的一个场所。你知道里面有哪些娱乐设施吗?

3. 新村新人才

近两年来,杨王村十分重视人才队伍建设,先后向社会和本村分三批招收了三十多位大学生,为大学生提供创业机遇,为企业提供服务平台,不仅解决了大学生的就业难题,同时也为新农村建设构建了人才新高地,培养了金融理财人才、物业管理人才、现代物流人才等,为新农村建设储备急需门类的各种人才。大学生进村带来了活力和生机,他们有较强的工作技能,为杨王村的产业能级提升提供了知识型人才,为杨王村开设门户网站等高科技领域创造了条件。

如果你是被杨王村招收的一名大学生,你会在网站"杨王在线"开设一个什么专题版块?

专题名称:_____

版块内容:_____

4. 新村新梦想

"宁可不当个人千万富翁,也要为杨王村百姓造福一辈子。"经过十多年的发展,杨王村经济连续保持高位增长。工业已形成新能源、汽配、现代物流、环保、机械制造、建筑装潢、通风设备、电子原件、现代制笔等多个支柱产业,品种多达 1 万多个,产品畅销国内外市场。农业已形成规模化经营为主,500 亩设施农业蔬菜基地已建成投产。第三

产业已形成以奇瑞汽车销售修理一条龙为标志的商业贸易区。

杨王村的百姓们在逐步实现自己的梦想,如果你是杨王村的一员,看到自己的村庄日新月异,你会有什么梦想呢?你会付出怎样的行动去实现你的梦想?

我的新梦想:_____

活动二　**走访新村**

　　建设社会主义新农村,是十六大以来党中央作出的一项重大战略决策,是解决我国"三农"、全面建设小康社会、构建和谐社会、推进中国特色社会主义事业的重要内容,是促进农民增收、提高农业综合生产能力、发展现代农业和切实加强农业基础建设的基本任务。奉贤区杨王村抓住机遇、强势推进杨王村新农村建设,近年来杨王村在道路交通、住宅、人们的生活以及宜居环境等方面都发生了巨大变化,就让我们一起走进新农村去看看吧!

1. 生产发展、生活宽裕

　　杨王村曾是奉贤最穷的村之一。20世纪70年代末至90年代,杨王村经济发展几乎处于停滞状态。村办企业由于资金、技术和人才的缺乏,加上产品竞争的日益激烈,纷纷倒闭,绝大多数村民只能靠种粮卖菜维持简单的生活。59岁的村民王勤华回忆,村集体负债最高时达1360万元。逢年过节,讨债人员结队而来。"当时的杨王村不景气,村民多怨气。"

　　(1) 请你们走访杨王村村民家,完成下列表格:

年份	2003 年	2008 年	2014 年
村民人均纯收入(元)			

　　(2) 通过上面表格,你得出了＿＿＿＿＿＿＿＿结论。

　　(3) 走访村级园区,你在园区里看到哪些企业,请写在下面横线上:

　　＿＿＿＿＿　＿＿＿＿＿　＿＿＿＿＿　＿＿＿＿＿

2. 宅基置换、村容整洁

　　(1) 杨王村之前住房分散、居住条件差,如今杨王村村民居住的条件如何呢?(请从房屋结构、小区环境等方面加以描述)

　　房屋结构:＿＿＿＿＿＿＿＿＿＿＿＿＿＿＿

　　小区环境:＿＿＿＿＿＿＿＿＿＿＿＿＿＿＿

（2）村民居住小区里除了超市,还有_____、_____、_____等配套设施。

3. 文体娱乐、村风文明

为了丰富村民业余文化娱乐生活,杨王村新建了_____大舞台和_____广场。

请拿起手中画笔,在右边的方框内画一张反映村民文化娱乐生活的图画,并拟定好名字。

4. 现代农业、种源创意

杨王村在坚持工业强村的同时,也十分重视农业的升级换代。在区镇两级政府的支持下,杨王村筹建了"上海杨王现代农业种源创意园",规划面积近 4000 亩,2010 年被上级政府列为重点推进农业项目。

（1）建成后的"上海杨王现代农业种源创意园"以果林种源、_____、果林文化、_____等功能为一体。

（2）请你写出创意园里农作物名称:_____、_____、_____

5. 发展交通、引进外资

（1）杨王经济园区坐落于上海市奉贤区南桥镇杨王村。园区具备优越的地理条件和便捷的交通环境,以_____路贯穿_____路、杨牌路为主要交通要道。

（2）高起点、超优越的硬环境是事业成功的基础。请填写三个引进的外资企业名称。

_____、_____、_____

活动三　**宣传新村**

1. 方案设计

　　这几年,杨王村彻底变了,变得漂亮了,杨王村人变富了。杨王村充分运用本村的区域地理优势和资源优势,使原本是全区最穷的村,一跃成为全市闻名的富村、强村,先后被评为"全国民主法制示范村""中国十佳小康村""中国特色村"等。

　　在我校同学参观了杨王村后,各班将开展宣传新村的活动。

　　活动前让我们对这次宣传活动做一个活动方案的设计。

　　我班的活动主题是:＿＿＿＿＿＿＿＿＿＿＿＿＿＿＿

　　活动目的是:＿＿＿＿＿＿＿＿＿＿＿＿＿＿＿＿＿＿＿

　　我班采用的活动形式是:＿＿＿＿＿＿＿＿(海报宣传、校电台宣传、杨王村现场宣传等)

知识链接

　　海报设计是视觉传达的表现形式之一,通过版面的构成,在第一时间内将人们的目光吸引,并获得瞬间的刺激,这要求设计要将图片、文字、色彩、空间等要素进行完美的结合,以恰当的形式向人们展示出宣传信息。

活动时间

＿＿＿＿＿＿＿

活动地点

＿＿＿＿＿＿＿

＿＿＿＿＿＿＿

2. 活动流程

　　活动准备:

　　人员安排:班长组织班干部和各小组组长商量人员的具体分工。

　　我的具体工作是:＿＿＿＿＿＿＿＿＿＿＿＿＿＿＿＿＿

　　活动所需要的物品有:＿＿＿＿＿＿＿＿＿＿＿＿＿＿＿

问卷或传单的内容：

活动准备的赠品 _____

活动现场布置的注意事项是(落实后在括号内打√)：

a 物品分类摆放,专人看管。(   )

b 安排两名同学负责音响,活动过程放些音乐烘托气氛。(   )

c 安排人员负责维持现场秩序。(   )

d 后勤工作应安排工作人员分阶段分批次地进行,活动秩序要始终维护。(   )

e 活动结束后清理活动现场。(迅速、干净)(   )

活动收尾：

a 物品的清点。(   )

b 资料的整理。(   )

3. 活动总结

在这次活动中你对自己的表现满意吗？写出具体内容。

_____

在这次活动中你有哪些收获呢？

_____

活动评价表

评价标准		自评	互评	师评
信息采集	浏览网上或书本资料,认真完成阅读任务。			
	活动准备有条不紊,能带齐活动所需物品。			
	收集有关资料,及时整理、归类、存放。			
发现探索	善于思考,能发现并解决活动中遇到的问题。			
	活动中有自己的创意,并与同学分享。			
	能积极主动帮助别人解决问题。			
合作态度	认真听从老师的安排。			
	积极与他人团结协作。			
完成作业	按时完成各类作业,且质量较高。			
	能积极参加活动评比,态度认真,获得好评。			

注:评价可以分为 A、B、C、D 四个等级,分别为:A 代表非常好;B 代表很好;C 代表较好;D 代表一般。互评要 3 位同学参评。

_____同学在这次综合实践活动中自己认为可以得到(　　)个 A,同学认为他可以得到(　　)个 A,老师认为他可以获得(　　)个 A。

互评同学签名:_____、_____、_____

师评教师签名:_____

活动建议书

项目	具体建议
活动内容改进意见	
活动方法改进意见	
其他意见	

注:活动建议书由参与课程活动的同学本人填写。

综合活动二　传芳新城

阅读任务

进入网页：http://www.fxnq.gov.cn

1. 选择题

点击"走进南桥"，选择"南桥风采"，再点击《南桥报》，选择其中的若干期阅读后，选出错误的一项（　　）

A.《南桥报》每半月一期，每期四版。

B.《南桥报》上有二维码，可以通过手机阅读。

C.《南桥报》有《综合新闻》《基层聚焦》《南风拾墨》等版面。

D.《南桥报》是中共奉贤区南桥镇委员会和南桥镇政府主办的报纸。

2. 简答题

选择《南桥报》上的一篇文章阅读，写出阅读这篇文章的理由。

答：＿＿＿＿＿＿＿＿＿＿＿＿＿＿＿＿＿＿＿＿＿＿＿＿＿＿＿＿＿

3. 试一试

如果你想向《南桥报》投稿，可以通过什么途径将你的稿件投给《南桥报》呢？除了 E-mail：nqxx88@163.com 的电子邮件一种外，还有什么途径？请写出来。

途径是：＿＿＿＿＿＿＿＿＿＿＿＿＿＿＿＿＿＿＿＿＿＿＿＿＿＿＿＿

活动一　了解新城

1. 南桥新城　南上海明珠

南桥新城是奉贤区区府所在地,为上海七大新城重点推进建设的新城之一。新城范围北至 _____,南至 _____,东至 _____,西至 _____。根据南桥新城总体规划优化修编方案,计划打造一个集"低碳·生态·智慧·宜居"于一体的新城,届时,南桥新城将不仅成为奉贤区的政治、经济、文化中心,还将成为上海杭州湾北岸板块的综合性服务型核心新城,服务长三角南翼以及大浦东地区的重要枢纽和门户。

2. 南桥新城　建设低碳之城

南桥以降低碳排放为目标,紧凑布局城市用地,产业区与城镇生活区融合发展;提升制造业能级,鼓励节能减排,培育低碳型的产业体系;大力发展公共交通,增加慢行交通出行比例;全面提高信息网络城市覆盖率,鼓励使用可再生能源,建立循环、低碳的市政基础设施体系,降低能源消耗。

在南桥新城,你看到了哪些方面实现了低碳减排?哪些方面正在改善?

实现了低碳减排的有 _____

正在改善的有 _____

3. 南桥新城　营造生态之城

南桥以提高碳汇为目标,保护和利用新城周边生态基地锚固城市增长边界,构建有机多样的自然生态网络,增加城市中的绿化、水系、森林等自然要素的覆盖率。通过严格保护中央生态林地等生态敏感空间,同时合理利用其比较优势,与历史人文积淀相结合,整体提升人居环境质量,彰显南桥新城特色,增强城市魅力。

在南桥,你常去的自然生态场所有哪些? 请跟大家分享一下。

我常去的有_____

4. 南桥新城　创造智慧之城

　　南桥以创建创新型、学习型新城为目标,加大科技研发投入,推进产学研一体化发展,加大高素质人才的引入力度,以"海纳百川"的精神汇聚各方贤才,营造良好的创业氛围,成为创业者的"摇篮"。在产业引导上体现"智慧"的同时,加大信息基础设施建设,通过新一代信息技术实现城市中各个功能彼此协调运作,为城市中的企业提供优质的发展空间,为市民提供更高的生活品质,从而支撑起以服务经济为主导的产业结构。

　　我长大以后准备从事的职业是_____,为奉贤、为南桥的发展做出自己的贡献,现在我要为此付出的努力是_____

5. 南桥新城　构筑宜居之城

　　南桥以聚集人气为目标,将"敬奉贤人,见贤思齐,以水为乐,灵秀南桥"的文化内涵,与河街、绿廊、水网等要素相结合,打造富有吸引力的江南水乡城市风貌。鼓励低层高密度的空间布局,营造人性化的街区尺度。构建层级清晰、覆盖完整、配套丰富的社会服务体系,提高新城的人口聚集效应。

　　为了提高南桥精神文明建设,构建良好的居住环境,在平时的生活中,我可以做到以下几点:_____

_____

_____

活动二　走访新城

1. 上海新城

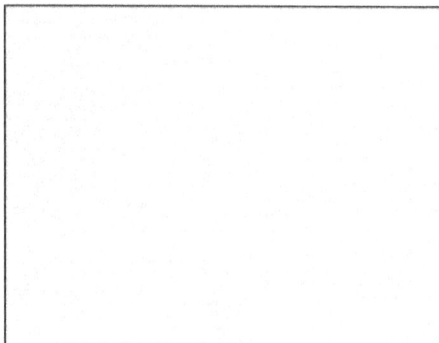

在上海城市建设的重心向郊区转移的过程中,建立七个郊区新城:嘉定新城、松江新城、浦东临港新城、_____新城、奉贤南桥新城、_____新城和宝山杨行新城。请你上网搜索后,将七个新城的大致位置画在左面的方框内。其中,嘉定新城、松江新城初步确立长三角地区综合性节点城市地位,集聚 100 万左右人口;浦东临港新城、青浦新城、奉贤南桥新城具备较高能级的城市综合集聚辐射功能,集聚 60 万至 80 万人口;_____新城、宝山杨行新城对周边地区发展的服务带动作用明显增强,集聚 20 万至 40 万左右人口。

2. 南桥新城

改革开放以来,上海实施"东进"战略取得累累硕果,目前已现"南下"战略的端倪,上海郊区新一轮发展正将曾经是边沿地区的奉贤推至前沿。在这次重新整合布局的大发展中,奉贤南桥新城逐渐转变为上海都市区的重要增长节点之一。让我们一起走进新城,感受它的辉煌与潜力。

　　◇ 南桥新城是奉贤区的_____、_____、_____中心。

　　◇ 南桥镇政府所在地址是:_____

3. 新城交通

长期以来,奉贤给市民的第一印象就是"远郊"。近几年来,轨交、公交、隧道等先后建成,未来几年内,困扰奉贤居民的出行问题将得到有效改善。

请你们走访新城居民,完成调查。

（1）居民们出行的主要交通工具是：

_____

（2）从南桥新城的区政府经奉浦大桥到徐家汇商圈大约需要_____分钟,如果经金海路隧道,以每小时 60 千米的速度,到徐家汇需要_____分钟。

（3）轨交 5 号线南桥新城站的具体位置是：

_____

4. 社区服务

社区服务是指政府、社区居委会以及数字社区等其他各方面力量直接为社区成员提供的公共服务和其他物质、文化、生活等方面的服务。

社区服务不只是一些社会自发性和志愿性的服务活动,而是有指导、有组织、有系统的服务体系。

社区服务不是一般的社会服务产业,它与经营性的社会服务业是有区别的。

社区服务不是仅由少数人参与的为其他人提供服务的社会活动,它是以社区全体居民的参与为基础,以自助与互助相结合的社会公益活动。

走访金海社区服务中心。

◇ 金海社区服务中心地址：_____

◇ 金海社区服务中心的服务机构有：_____

_____

◇ 有社区志愿者的服务机构是：_____

◇ 我准备做志愿者,服务对象是社区的_____

◇ 为做好志愿者,我要做的准备工作是：_____

活动三 宣传新城

1. 宣传载体

现在，经过之前活动，我们对南桥新城已有所了解。现在，请你用明信片这一社会大众广泛使用和接受的通信方式为载体，宣传南桥新城，请你为此贡献自己的聪明和智慧。

明信片是一种不用信封就可以直接投寄的载有信息的卡片，投寄时必须贴有邮票。其正面为信封的格式，反面具有信笺的作用。优点是不用信封，缺点是篇幅小而无隐密性，亦称为"邮片"。明信片所写的内容公开，可被他人所看见，内容通常不涉及隐私权之担忧，故称为明信。依据中国邮政业务说明，一般民众可自行印制明信片但不得标志"中国邮政"，因此许多人会称邮局发行之明信片为"邮政明信片"（postal card，带邮资符），而民间印制者则泛称之"明信片"（postcard）。

以上图为例，上下两部分分别是明信片的两面。如图上半部分所示，明信片的一面为图案。如图下半部分所示，为明信片的另一面：左上方的方框内填写（   ）人的（   ），而右下方邮政编码是（   ）人的邮政编码；右上方为贴邮票处；横线上填写（   ）人的（   ），空置的空白处则可用来写文字信息。

2. 确立内容

明信片可用来展示企业的形象、理念、品牌以及产品，或者展现地方特色和人文情感等，是一种新型的广告媒体。我们要宣传的对象是南桥新城，为了让人们了解南桥新城的精萃之处,你认为,南桥新城的哪些方面应当予以突出?请列出至少三个方面。

◇ 我认为,宣传南桥新城的三个方面是:

_____

_____

相应地,为了与以上几个方面相匹配,宣传南桥新城的亮点,你准备选用哪些材料来支撑呢?

◇ 为了更好地宣传新城,我将隆重推出( )、( )、
( )等材料。

3. 活动实施

"众人拾柴火焰高"。为了集思广益,我们将按自然组为单位分四个小队合作开展宣传,并在小队之间举行比赛,决出最佳设计小组,以及最佳设计个人。

根据明信片的设计要求和内容要求,进行分工。

◇ 由( )同学统筹指挥,因为他(她)_____

◇ 由( )和( )同学担任美工来主要负责设计明信片,理由是:_____

◇ 其他人负责搜集材料,主要是图片,搜集材料的途径可能是:_____

◇ 我们小队设计的明信片的主题是:_____

4. 活动总结

由同学们为设计出的明信片匿名投票,评选出最佳设计小队和最佳设计者各一人。

◇ 最佳设计明信片得主主题为_____,它来自于小队_____

◇ 最佳设计者是_____

这次活动,每个人都有所收获,其中:

◇ 让我最有感慨的是:_____

◇ 让我感到遗憾的是:_____

活动评价表

评价标准		自评	互评	师评
信息采集	浏览网上或书本资料,认真完成阅读任务。			
	活动准备有条不紊,能带齐活动所需物品。			
	收集有关资料,及时整理、归类、存放。			
发现探索	善于思考,能发现并解决活动中遇到的问题。			
	活动中有自己的创意,并与同学分享。			
	能积极主动帮助别人解决问题。			
合作态度	认真听从老师的安排。			
	积极与他人团结协作。			
完成作业	按时完成各类作业,且质量较高。			
	能积极参加活动评比,态度认真,获得好评。			

注:评价可以分为 A、B、C、D 四个等级,分别为:A 代表非常好;B 代表很好;C 代表较好;D 代表一般。互评要 3 位同学参评。

_____同学在这次综合实践活动中自己认为可以得到( )个 A,同学认为他可以得到( )个 A,老师认为他可以获得( )个 A。

互评同学签名:_____、_____、_____

师评教师签名:_____

活动建议书

项目	具体建议
活动内容改进意见	
活动方法改进意见	
其他意见	

注:活动建议书由参与课程活动的同学本人填写。

综合活动三 传奇新区

阅读任务

进入网页：http://fxq.sh.gov.cn/shfx

1. 选择题

下列对网页栏目表述错误的一项是(   )

A. "网上办事"栏目内有"个人办事""企业办事"等8个子栏目。

B. "便民服务"栏目内有"衣""食""住""行"等8个子栏目。

C. "新闻中心"栏目内有"奉贤要闻""政务动态"等8个子栏目。

D. "走进奉贤"栏目内有"城区概况""历史沿革"等8个子栏目。

2. 填空题

请在网页 http://fxq.sh.gov.cn/shf 上看一则"奉视新闻"。

A. 我看"奉视新闻"的途径：＿＿＿＿＿＿＿＿＿＿＿＿＿＿＿

B. 我看了＿＿＿＿＿＿＿＿＿这一天的"奉视新闻"。

C. 这一天奉视新闻的主要内容是：＿＿＿＿＿＿＿＿＿＿＿＿＿

D. 这一天奉视新闻中,我最感兴趣的新闻是：＿＿＿＿＿＿＿＿＿＿

3. 读电子报

通过网页阅读《奉贤报》,看看《奉贤报》有几个版面。选择你喜欢的版面,读其中的几篇文章,与同学交换自己的感想。

活动一 **认识新区**

1. 追本溯源

奉贤区是一个市辖区,位于长江三角洲东,地处上海市南部,南临_____,北枕_____江,与闵行区隔江相望,东与浦东新区接壤,西与金山区、松江区相邻。

境内有 31.6 千米杭州湾海岸线,13 千米黄浦江江岸线。陆上面积 687.39 平方千米,人口 108 万,下辖 8 个镇,分别是南桥、金汇、庄行、海湾、青村、_____等镇,辖区内还有上海市工业综合开发区等 5 个开发区,南桥镇为区政府所在地。作为上海"十二五"时期重点打造的三座新城之一的"南桥新城"即坐落在奉贤的南桥、_____、青村区域。

2. 人文特色

奉贤地处上海远郊,由于历史地理原因,发展相对落后。区委、区政府提出用五年时间创建上海市文明城区,全面提升城市建设水平和市民文明素质,走出一条"敬奉贤人、见贤思齐"之路。

在创建文明城区主题活动中,我们会发现身边有许多的优秀事迹。如:为提高居民疾病防御卫生知识知晓率及健康行为养成率,区卫生局号召全区义务人员积极行动,志愿者送医上门、健康知识宣传版面展览等。你能列举身边的优秀事迹吗?

_____

_____

3. 奉贤交通

毛泽东《水调歌头·游泳》:一桥飞架南北,天堑变通途。长江上第一座大桥是_____

奉贤最早渡江靠的是摆渡。请选择西渡渡口或邬桥渡口任意一个,向大家介绍。

_____

这样,市民往来市区曾多有不便,然而奉贤人民自古就有着对外沟通、交流的传统,开放的奉贤人民先后在黄浦江上架起奉浦大桥和_____大桥 。

这两座桥的建成对奉贤社会经济的发展有何重要意义?

_____

_____

4. 奉贤科技

自撤县建区以来,奉贤区科技事业在区委、区政府的领导下,坚持走科学发展道路,深入贯彻落实国家关于提高自主创新能力与建设创新型国家的一系列精神。十年来,奉贤区连续获得_____称号。

请搜集最新科技创新成就的图片,贴在下面方框内。

奉贤区近几年有_____、_____、_____科技创新成就。

全国青少年科技创新大赛即将开始,你有什么好的创意?

_____

活动二　走访新区

1. 活动准备

我们将要走访的是我区新建的几个代表性景观：上海之鱼、奉贤图书馆、海湾国家森林公园、地铁 5 号线。

请同学们想想我们这次活动需要准备的物品有：＿＿＿＿＿＿＿＿＿＿＿＿＿

＿＿＿＿＿＿＿＿＿＿＿＿＿＿＿＿＿＿＿＿＿＿＿＿＿＿＿＿＿＿＿＿＿＿＿

2. 城市标志

上海之鱼的地理位置在：＿＿＿＿＿＿＿＿＿＿＿＿＿＿＿＿＿＿＿＿＿＿

我们前往的交通方式：＿＿＿＿＿＿＿＿＿＿＿＿＿＿＿＿＿＿＿＿＿＿＿

上海之鱼又名"＿＿＿＿＿"，是上海奉贤区南桥新城的核心景观湖，占地＿＿＿＿＿平方千米，建成后将是上海面积最大的人工湖。上海之鱼设计水深 3.5 米，湖面成鱼形，由鱼身、鱼尾、鱼鳍等三大湖面构成鱼身水体，＿＿＿＿＿和＿＿＿＿＿构成外围水系，形成以鱼身为中心的圆环水道，是奉贤区的标志之一。

3. 浩瀚书海

随着城市的快速发展，市民对于知识的渴求愈发强烈。那么位于＿＿＿＿＿的奉贤区图书馆就是一个好去处。

上海市奉贤区图书馆藏书＿＿＿＿＿册，发放有效借阅证＿＿＿＿＿张，年接待读者＿＿＿＿＿人次。奉贤区图书馆新馆是奉贤区迄今为止投资最大的文化项目，也是奉贤区精神文明建设的标志性工程。它是一座集＿＿＿＿＿、＿＿＿＿＿、＿＿＿＿＿、＿＿＿＿＿、各类文化读书活动、各类文化学术讲座、主办文化艺术展览等服务功能要素为一体的现代化公共图书馆。

4. 城市绿肺

忙碌了一周后,市民总想找一片宁静之地休憩。我们在＿＿＿＿＿＿＿＿找到了这片世外桃源。

上海海湾国家森林公园总面积＿＿＿＿＿＿亩,园内植树达＿＿＿＿＿＿多万株,品种约＿＿＿＿＿＿种。公园内连绵起伏的山体上林木苍绿如海;蜿蜒深邃的河、海上波光粼粼,群鸟飞翔,林边路边草木繁茂、色彩纷呈,其中沉水樟、舟山新姜子、黄檗等18种为国家珍稀濒危植物,还有水域面积达580亩的上海最大人工湖泊——＿＿＿＿＿＿。

文化观赏区蕴含了多种文化元素,集合了山、水、石、竹、琴、棋、书、画,集中展示了民间精品收藏,传扬中国民族文化,主要包括:昆仑石屋、影蛟盆景苑、越窑青瓷馆、四海陶艺馆、雅兴楼书画馆、旺家根雕馆、家具馆、美术馆、汝窑馆、恐龙馆、上公府等。

5. 便捷交通

随着城市的高速发展,上海市各区县都相继开通了地铁。我区轨道交通5号线南延伸工程于＿＿＿＿＿＿全线开工建设。整个工程全长约＿＿＿＿＿＿千米,起点为东川路站,终点为平庄公路站,沿途设江川路站、＿＿＿＿＿＿＿＿、＿＿＿＿＿＿＿＿、＿＿＿＿＿＿＿＿、＿＿＿＿＿＿＿＿、＿＿＿＿＿＿＿＿、＿＿＿＿＿＿＿＿、平庄公路站共9座车站。我区居民前往市区的交通更为便捷。

我们今天寻访的是地铁＿＿＿＿＿＿站,让我们用画笔画出地铁站的平面图。

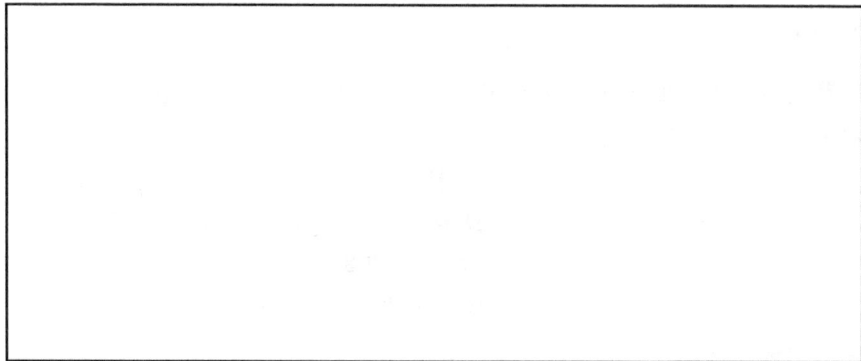

活动三　宣传新区

1. 热爱新区

"假如我是一只鸟,我也应该用嘶哑的喉咙歌唱:这被暴风雨所打击着的土地,这永远汹涌着我们的悲愤的河流,这无止息地吹刮着的激怒的风,和那来自林间的无比温柔的黎明……然后我死了,连羽毛也腐烂在土地里面。为什么我的眼里常含泪水?因为我对这土地爱得深沉……"诗人艾青通过诗歌《我爱这土地》表达了他对家乡的热爱与赞美。

我们同样热爱着家乡奉贤,请你仿照《我爱这土地》,写下对奉贤区的热爱之情。

题目:＿＿＿＿＿＿＿＿＿＿＿＿＿＿＿＿＿＿＿＿＿＿＿＿＿＿＿

诗歌:＿＿＿＿＿＿＿＿＿＿＿＿＿＿＿＿＿＿＿＿＿＿＿＿＿＿＿

＿＿＿＿＿＿＿＿＿＿＿＿＿＿＿＿＿＿＿＿＿＿＿＿＿＿＿＿＿＿＿

＿＿＿＿＿＿＿＿＿＿＿＿＿＿＿＿＿＿＿＿＿＿＿＿＿＿＿＿＿＿＿

2. 赞美新区

奉贤区的变化日新月异,让人赞不绝口,请你以右边方框内的诗歌为例,写一首诗歌来赞美我们美丽的奉贤。可从农业、商业、民风、美德等方面任选一个角度来赞美新区的变化。

> **《日新月异的奉贤》**
>
> 没有俯首一百八十度
> 不能弯曲身躯用耳倾听大地奔放的声音
> 没有在奉贤走一走
> 不能用脚步丈量她的辽阔和纵深
> 我常常搭乘公交车穿行于
> 这个城市的两端
> 几处商业中心繁花似锦
> 眼花缭乱于我的目光之上

我的诗是从_____角度来赞美新区的。

我的诗歌

3. 宣传新区

奉贤区的快速发展吸引了许多国内外游客,他们来奉贤旅游、吃农家菜、采摘各类新鲜水果。

假如有一批从上海市区来的游客到奉贤来游玩,如果你是导游,你会怎么安排这一天的行程呢?

时间	景点	推荐理由
上午 8:00—11:00		
中午 11:00—13:00	午饭地点:	
下午 13:00—16:00		

游客们似乎对奉贤的发展感到陌生,作为导游的你,会怎样介绍奉贤呢? 请写一段导游词:_____

_____

_____

138

活动评价表

评价标准		自评	互评	师评
信息采集	浏览网上或书本资料,认真完成阅读任务。			
	活动准备有条不紊,能带齐活动所需物品。			
	收集有关资料,及时整理、归类、存放。			
发现探索	善于思考,能发现并解决活动中遇到的问题。			
	活动中有自己的创意,并与同学分享。			
	能积极主动帮助别人解决问题。			
合作态度	认真听从老师的安排。			
	积极与他人团结协作。			
完成作业	按时完成各类作业,且质量较高。			
	能积极参加活动评比,态度认真,获得好评。			

注:评价可以分为 A、B、C、D 四个等级,分别为:A 代表非常好;B 代表很好;C 代表较好;D 代表一般。互评要 3 位同学参评。

_____同学在这次综合实践活动中自己认为可以得到(　　　)个 A,同学认为他可以得到(　　　)个 A,老师认为他可以获得(　　　)个 A。

互评同学签名:_____、_____、_____

师评教师签名:_____

活动建议书

项目	具体建议
活动内容改进意见	
活动方法改进意见	
其他意见	

注:活动建议书由参与课程活动的同学本人填写。

上海市奉贤区古华中学

《多元·敬贤·思齐》课程实施方案

一、课程概要

1. 课程名称:多元·敬贤·思齐。

2. 课程对象:初中预备年级、初一年级、初二年级。

3. 课程类别:活动课程。

4. 课程用时:45 课时。

5. 课程规划团队:晋元高级中学托管办公室胡立德负责策划并指导编写;古华中学李伟、陈强、杨蓓蕾、刘雅萍、朱波、吴丰洪、吕小莉、胡璇等教师参与编写。胡立德老师负责统稿。

二、课程摘要

本课程的设计遵循以人为本的核心理念,充分利用奉贤区"贤文化"读本及自然与人文资源,确定"贤文化"为课程主题,将敬贤思齐观念融入课程,通过五个专题的贤文化活动,树立学贤人、做贤人的意识,促进古华中学学生、教师和学校的多元化可持续发展。本课程用科学文化与人文文化统一的价值取向引领学生,使贤文化活动落到实处,产生实际的效果。

三、课程目标

1. 知识与技能:认识贤文化促进社会和谐的意义,懂得贤文化对人类和谐可持续发展的重要性;能够在把贤文化活动当作知识学习的过程中,掌握一般的敬贤思齐的方法和技能。

2. 过程与方法:用亲身参与贤文化活动的方法,走向社会宣传贤文化,在参与贤文化活动实践的过程中不断总结敬贤思齐的好方法。

3. 情感态度与价值观:在参与敬贤思齐活动的过程中,树立敬贤思齐的意识,热爱贤文化,体验贤文化对人类和谐可持续发展的重要性。

四、课程文化

1. 课程主体:学生是本课程的主体。教师是课程的设计者和课程价值的引领者,学生是课程活动的主人,是课程价值的体现者。两者相辅相成,统一在课程的活动之中。

2. 课程价值:本课程揭示了人与人相互尊重、社会才能和谐发展、可持续发展的本质和规律,学生通过课程的学习对贤文化能产生理性的认识。

五、教学规划

1. 教学内容纲要

本课程由 5 个专题组成,每个专题由 3 个综合活动构成,总共 15 个综合活动,每个综合活动由 3 个活动组成,总共由 45 个具体的活动组成。5 个专题及 15 个综合活动如下:

（1） 贤人贤家贤村:身边的贤人、走进贤家庭、走进杨王村。

（2） 古镇古桥古寺:古镇神韵、古桥神工、古寺神和。

（3） 乡歌乡剧乡戏:奇妙乡歌、奇秀乡剧、奇美乡戏。

（4） 公园花园农园:游古华公园、游沈家花园、农园的实践。

（5） 新村新城新区:传世新村、传芳新城、传奇新区。

2. 授课方式安排

（1） 教师指导。

（2） 文本阅读和思考。

（3） 学生单独思考和分组讨论结合。

（4） 学生分组社会实践。

3. 教学活动规划

（1） 教学基本以学生小组为单位,在小组互动中产生各项活动的结果,共同分享获取学习成果的喜悦。

（2） 鼓励学生利用业余时间到当地图书馆、文化馆和相关单位了解贤文化的相关信息,为参与课程活动奠定良好的基础。

（3） 鼓励学生在各项贤文化实践活动的基础上写出有独立见解的贤文化心得

体会文章。

4. 师生课外阅读参考书目

（1）陆建国.敬奉贤人,见贤思齐（高中版）[M].上海:华东师范大学出版社,2013年4月版.

（2）司马迁,洋洋兔.漫画史记:贤相姜尚[M].北京:北京理工大学出版社,2012年3月版.

（3）洪镇涛.增广贤文名贤集（学生本）[M].上海:上海大学出版社,2011年11月版.

（4）马国川.中国在历史的转折点:当代十贤访谈录[M].北京:中信出版社,2013年6月版.

（5）戴敦邦,周一新.孔门七十二贤像传[M].上海:上海古籍出版社,2009年8月版.

（6）刘敬堂,房贤义.千古贤相晏婴[M].湖北:湖北长江出版集团,崇文书局,2011年4月版.

（7）成都武侯祠博物馆.千古贤相诸葛亮[M].北京:中国方正出版社,2010年6月版.

（8）于永玉,胡雪虎.恭贤敬长[M].天津:天津人民出版社,2012年1月版.

（9）于永玉,陈瑜.举贤惜才[M].天津:天津人民出版社,2012年1月版.

（10）黄书元.察贤辨才[M].北京:人民出版社,2008年12版.

（11）上海人民美术出版社.贤韵水乡:奉贤历史文化印记[M].上海:上海人民美术出版社,2011年10月版.

（12）刘丹.一生要学习的中国古代100位英模人物＋中国当代100位英模人物[M].北京:时事出版社,2010年1月版.

（13）华东方.雷锋画传（1940～1962）（青少版）[M].辽宁:辽宁少年儿童出版社,2012年9月版.

（14）柳迦柔.在心灵牧场上放逐[M].北京:新世界出版社,2013年2月版.

（15）北京故事广播.帮助的力量[M].北京:中国广播电视出版社,2012年8月版.

六、评价方式

1. 评价主体:教师评价、学生评价、家长评价,三者结合评价。

2. 评价方式:学生出席状况、活动具体表现、作业提交等方式结合。

3. 评价时间:每一活动结束评价一次,每一综合活动小结评价,每一专题活动综合评价,课程完成后总结性评价。

七、课程预期成效

1. 丰富校本课程内容,提升本校课程领导力。
2. 培养学生的敬贤思齐意识,使之主动参与贤文化活动,做贤文化活动的主人。
3. 培养学生主动学习、主动探究的习惯。

八、附件

1. 课程实施计划(课程时间和内容的具体安排)。
2. 课程评价表。

图书在版编目(CIP)数据

多元·敬贤·思齐 / 古华主编. —上海：上海教育出版社,2015.5
ISBN 978-7-5444-6326-3

Ⅰ.①多… Ⅱ.①古… Ⅲ.①品德教育—中学—教材
Ⅳ.①G631.6

中国版本图书馆CIP数据核字(2015)第103236号

责任编辑 李　祥
封面设计 王国樑

多元·敬贤·思齐
古　华　主编

———————————————————————————

出　　版　上海世纪出版股份有限公司
　　　　　　上 海 教 育 出 版 社
发　　行　中国图书进出口上海公司

版　　次　2015 年 5 月第 1 版

书　　号　ISBN 978-7-5444-6326-3/G·5184

www.ingramcontent.com/pod-product-compliance
Lightning Source LLC
Chambersburg PA
CBHW081151090426
42736CB00017B/3269